- 绿色、工程、文化与法治研究系列成果
- 山东建筑大学特色名校建设工程成果
- 山东省哲社规划项目"公益慈善与市场的结合与创新：社会企业解读（16CKPJ16）"资助成果

社会企业法律制度研究

董蕾红 / 著

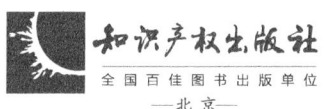

知识产权出版社
全国百佳图书出版单位
——北京——

图书在版编目（CIP）数据

社会企业法律制度研究／董蕾红著．—北京：知识产权出版社，2020.1（2021.1 重印）
ISBN 978 - 7 - 5130 - 6700 - 3

Ⅰ.①社… Ⅱ.①董… Ⅲ.①企业法—研究 Ⅳ.①D913.991

中国版本图书馆 CIP 数据核字（2019）第 287956 号

责任编辑：彭小华　　　　　　　　　　责任校对：王　岩
封面设计：韩建文　　　　　　　　　　责任印制：孙婷婷

社会企业法律制度研究

董蕾红　著

出版发行：知识产权出版社 有限责任公司	网　址：http://www.ipph.cn
社　　址：北京市海淀区气象路 50 号院	邮　编：100081
责编电话：010 - 82000860 转 8115	责编邮箱：huapxh@sina.com
发行电话：010 - 82000860 转 8101/8102	发行传真：010 - 82000893/82005070/82000270
印　　刷：北京九州迅驰传媒文化有限公司	经　销：各大网上书店、新华书店及相关专业书店
开　　本：720mm×1000mm　1/16	印　张：10
版　　次：2020 年 1 月第 1 版	印　次：2021 年 1 月第 2 次印刷
字　　数：200 千字	定　价：48.00 元
ISBN 978 - 7 - 5130 - 6700 - 3	

出版权专有　侵权必究

如有印装质量问题，本社负责调换。

中文摘要

在过去的半个多世纪里,全球经济取得了飞速的发展,很多国家创造了巨大的经济财富。然而,经济的发展和财富的增长却没有缓解长期存在的诸如结构性失业以及残疾人等弱势群体的就业等问题,反而加剧了社会贫富分化,贫富分化的加剧反过来又导致了社会的动荡。市场经济引发的贫富加剧不仅会引发社会的分裂,更会影响市场经济自身的发展并导致经济的衰退。奉行自由竞争、适者生存的市场经济固然是一种效率最高的资源配置方式,但市场对利润的过度追逐同样会导致社会的不公和生态环境的破坏。因此,市场经济的发展必须伴之以对人、自然和社会的保护机制,否则市场经济会危及人类自身的生存。既然市场是导致社会贫富分化以及其他相关问题的根源,解决的思路便是从作为根源的市场本身入手,将公益慈善的基因植入市场,从而实现对市场过度追求利润无视社会公平这一劣势基因的改造,于是,作为公益慈善与市场结合的社会企业应运而生。

社会企业是一种兼具经济目的和社会目的的组织形态,其理论基础可以追溯至19世纪中期的合作社思想,而合作社思想本身便是社会弱势群体为了避免资本家的过度盘剥和改善在市场竞争中的劣势地位而采取的合作自助的方式。社会企业的核心理念是用市场手段解决社会问题,能够在发挥市场优势的同时避免市场机制的某些缺陷,因此在为弱势群体提供就业机会、缓解贫困以及提供公共产品等方面具有独特的作用。社会企业的功能不仅表现为经济上的促进增长功能,更表现为促进社会融合,实现社会的公平与可持续发展的社会功能。社会企业的产生和发展表明,市场倡导的自由竞争会导致社会的贫富分化和不公,但市场经过外部的改造和自身的修正同样能够成为解决社会不公的手段,社会企业恰恰是这种市场自我修正和社会外部改造的结果。

社会企业将市场与公益进行了融合,因此颠覆了传统企业唯利是图的形象。但企业作为资本的载体天然地具有逐利的本能,社会企业作为企业的一种特殊形式同样也无法避免这一问题,因此必须设计科学的法律规制机制以防止社会企业因为过度追逐利润而偏离其社会目标。构建科学的社会企业法律规制机制首先应当对社会企业的本质与内涵有正确的认识,因为理论上对社会企业内涵界定的宽泛性,导致其在实践中有不同的表现形式,考察不同国家对社会企业立法界定与实践认定的差异,可以为我国对社会企业进行立法界定提供更好的借鉴。遵循这一逻辑思路,本书共分为五章内容,每章内容概括如下:

第一章分析和讨论社会企业的产生背景。追溯社会企业的历史起源,分析社会企业兴起和发展的国际和国内背景以及社会企业在全球发展的不同路径,并从理论上分析社会企业产生的原因和社会企业的功能。

第二章对社会企业进行了内涵和外延的理论澄清。分别介绍了不同地区和不同学科尤其是经济学和社会学学者对社会企业内涵的理解,并从法学视角提出了对社会企业进行理论界定应该考虑的因素,分析了社会企业的特征并探讨了社会企业的性质,认为社会企业是一种兼具营利性组织和非营利组织双重属性的组织类型,因此在其价值选择和制度构建上应当同时兼顾其营利性和非营利性的属性和特征,既允许社会企业进行利润分配,又要对其利润分配进行合理的限制。该章最后分析了社会的外延,将社会企业与其他相近或相似的组织形态进行了比较,并根据不同的标准对社会企业进行了分类。

第三章考察了不同国家对社会企业的立法界定和实践认定,分别介绍了欧洲国家、美国和加拿大以及亚洲的韩国、日本等对社会企业的立法界定和实践认定标准,并从组织目标、收入来源、利润分配、资产处置和治理结构五个方面将不同国家关于社会企业的认定标准进行了比较,指出适宜的社会企业认定标准对于社会企业的成长和发展至关重要。而社会企业的认定标准是否适宜主要应考虑本国特有的经济、政治、社会现实以及文化背景,因此关键的问题是了解不同类型社会企业各自的特点和功能以及优势是什么,然后结合本国迫切需要解决的社会问题来有针对性地制定本国社会企业的认定标准。

第四章研究社会企业的政府补贴与监督。分析了政府对社会企业进行补贴的法理依据,并比较了不同国家对社会企业采取的不同补贴方式,同时指出对社会企业的政府补贴应当保持在必要的限度内,以防止破坏公平竞争的市场秩序。为了确保社会企业真正服务于社会目的,政府应当在社会企业的设立、运营和终止的过程中进行全程监管。由于社会企业在享受政府扶持的同时广泛地参与市场交易,为了防止其通过关联交易的方式向利益相关方输送利益,并损害社会企业自身的利益,法律应当规定社会企业利益冲突交易应遵守的程序和实体规则,并赋予监管机关广泛的职权来调查社会企业违规进行的利益冲突交易,并对责任人进行处罚。社会企业同样需要社会监督以弥补政府监管的不足,社会监督包括社会企业行业协会的监督和社会公众的监督。

第五章分析了我国社会企业法律规制的现状及存在的缺陷,并提出了重构我国社会企业法律规制制度的建议。介绍了社会企业在我国的发展历史和我国现阶段社会企业的表现形式,并分析了这些社会企业形式法律规制中存在的不足和问题,最后提出了完善我国社会企业法律规制的建议。包括对民办非企业单位进行名称修正并允许其进行有限的利润分配;对农民专业合作社在扶持的同时要完善政府监管,以防止利用农民专业合作社骗取国家补贴的行为;对社会福利企业要放宽认定标准,以更好地发挥其促进弱势群体就业的功能。

关键词: 社会企业　理论澄清　实践认定　完善

Abstract

Social enterprise(SE) has grown rapidly around the world ever since 1990s. The core concept of SE is to solve social problem, such as providing work opportunity, alleviating poverty and providing public goods, by market means, so SE can play a unique role in the promotion of social integration, fairness and sustainable development. Many countries such as the UK, Italy, Belgium, the United States, Canada and South Korea have developed their respective SE forms. The emergence and flourishing SE have shown that the free competition of the market economy will result in the social polarization and inequality, but through external reformation and internal improvement, market an also play a role in the resolving of social injustice. SE combines the market and philanthrapy, and overturns the traditional image of enterprise which seek nothing but profits.

In Chapter 1, the author discussed the background of the emergence of SE, dated back the origin of SE, compared the two different routes of the SE development in the world. The author pointed out that SE is the result of the market and social development to a certain stage, and then discussed the reason of the emergence of SE and its function.

In Chapter 2, the author discussed how to give a theoretical definition to SE. SE refers to the kind of enterprise pursuing social purpose through market method, and SE includes a wide range of enterprise kinds which have different forms and activity scopes. So the term SE is too ambiguous and needs the accurate guidance of law, for it is necessary for the legislation of SE. how to give an accurate legal definition to SE in accordance with the economic and social condition of certain country, for a concrete definition is the basis of properly identifying SE. Although many researchers try to define SE, there still exist many diversities in the content, denotation, boundary and form. The muddleness in the definition of SE has banned the communications and theoretical development of the research on SE in different subjects. So the author introduced the theoretical definition of different subjects and then discussed how to give a legal definition to SE. The character, nature and coverage were also discussed in order to properly describe the connotation and denotation of SE.

In chapter 3, the author looked into the legal definition and practical identification of different countries. The identification of SE substantiates the legal definition of SE in practice. SE has more advantages over commercial enterprise in the following points: firstly, SE can get government subsidies or tax preference; secondly, with the enhancement of moral consumption consciousness, consumers are more inclined to choose the goods or service of SE which contain more moral or environmental connotation. So it is vital for the survival and development to obtain the identification of SE. The first matter of identifying SE is how to determine the criterion of SE. The factors that should be considered in identifying SE include the scope of activity, the purpose, the composition of employee and the distribution of profits of the enterprise, and different countries may give different weight on the above factors according to its own economic and social conditions.

In Chapter 4, the author studied the governmental subsidies and supervision of SE. The value of SE exists in its pursuit of social purpose, it can be said that SE helps government bear the burden of providing public goods or social service, so government should give proper support to SE. What kind of support should be given to SE, and to what degree should the support be taken? Whether the support will encroach the principle of fair competition which is regarded as the most fundamental factor of market economy? Government should supervise the whole process of establishment, operation and termination of SE on behalf of the public interests in order to guarantee it pursuing public purpose. But where is the boundary between the government supervision and the internal governance of SE? Over – supervision may infringe in the autonomy of SE, while insufficient supervision will give the dishonest person an opportunity to use SE to deceive the public. So the government supervision should be moderate and scientific. It is not enough for the lawful operation of SE to just rely on the autonomy of the enterprise and government supervision, for the autonomy can not absolutely eliminate the instinct for profit of person and government can not supervise SE effectively because of the limitation of resources and ability. So the public supervision is necessary for the healthy development of

SE. The author discussed what methods can be taken by public to supervise SE, and how to coordinate the public supervision and government supervision.

In Chapter 5, the author discussed how to improve and reconstruct the legal regulation of SE in China. Although there is no official term of social enterprise, there does exist many forms of SE, such as Social Welfare enterprise, Farms Cooperative and Private Non – enterprise Unit. Chinese government has realized the deficiency of market and government in the supply of public goods and began to utilize the social mechanism to supply public goods and solve social problem. SE is one of the innovative social mechanisms encouraged by Chinese government. Actually, in the era of planned economy, Chinese government began to use SE form such as neighborhood enterprise and welfare factory for the disabled to offer job for the family member of worker and the disabled, however, these enterprises and factories were invested by government or neighborhood. These forms of SE take an active part in the area of education, health, sports, social work and environmental protection etc., and have played a great role in promoting economic growth, creating job opportunity and providing public service. Despite the development and prosperity of SE in China, the function of these SE forms has not been fully played because of the defects and deficiencies of legal regime on SE. Many Private Non – enterprise Units deviate from its social purpose and become the tool of its founders to seek private interests because of the immature of theoretical research and imperfect of legislation relating to SE. So it is necessary for China to reconsider and reconstruct the legal regulation on SE through learning the advanced experience on the legal regulation of SE of other countries.

Key Words: Social Enterprise; theoretical clarification; practical identification; improvement

目　　录

绪　论 ·· 001
　一、问题的提出：企业能够被用来做公益吗？ ·············· 001
　二、研究的目的和意义 ··· 004
　三、研究综述 ··· 008
　四、本书的写作思路和结构安排 ································ 012
　五、可能的创新与不足 ··· 014
　六、主要研究方法 ··· 015

第一章　社会企业的兴起和在全球的发展 ··················· 017
　第一节　社会企业兴起的背景和原因 ·························· 018
　　一、社会企业的起源与发展 ···································· 018
　　二、社会企业兴起的国际背景 ································· 022
　　三、社会企业兴起的理论解读 ································· 025
　　四、社会企业在全球发展的不同路径 ······················· 029
　第二节　社会企业的价值与功能 ································ 031
　　一、社会企业的价值 ··· 031
　　二、社会企业的功能 ··· 034

第二章　社会企业内涵与外延的理论澄清 ··················· 040
　第一节　社会企业的内涵 ·· 040
　　一、社会企业内涵的多面性 ···································· 040
　　二、社会企业的特征 ··· 048

三、社会企业的性质：营利组织还是非营利组织? ················· 050
　第二节　社会企业的外延 ·· 055
　　一、社会企业的边界厘定 ··· 055
　　二、社会企业的分类 ··· 058

第三章　**社会企业的立法界定与实践认定** ···························· 063
　第一节　欧洲国家对社会企业的立法界定 ··························· 064
　　一、合作社形式的社会企业 ·· 064
　　二、公司形式的社会企业 ··· 068
　第二节　美国和加拿大对社会企业的立法界定 ···················· 070
　　一、美国对社会企业的立法界定 ···································· 070
　　二、加拿大对社会企业的立法界定 ································· 074
　第三节　亚洲国家和地区对社会企业的法律界定 ·················· 075
　　一、韩国对社会企业的立法界定 ···································· 075
　　二、日本关于社会企业的界定 ······································· 076
　　三、我国香港和台湾地区对社会企业的界定 ····················· 077
　第四节　社会企业实践认定的国际比较 ······························ 079
　　一、组织目标标准 ·· 080
　　二、收入来源标准 ·· 081
　　三、利润分配标准 ·· 081
　　四、剩余资产处置标准 ·· 082
　　五、治理结构标准 ·· 083
　　六、社会企业认定标准的适宜性 ···································· 084

第四章　**社会企业的政府补贴与监督** ································· 086
　第一节　社会企业的政府补贴 ··· 086
　　一、政府对社会企业进行补贴的合理性 ··························· 087
　　二、社会企业政府补贴的限度 ······································· 088
　　三、社会企业政府补贴与支持的具体措施 ······················· 089
　第二节　社会企业的政府监管 ··· 091

一、国家与社会关系视角下的社会企业自治与政府监管 ………… 091
二、社会企业政府监管的必要性和特殊性 …………………… 092
三、社会企业设立阶段的政府监管 …………………………… 093
四、社会企业运营阶段的政府监管 …………………………… 096
五、社会企业解散阶段的政府监管 …………………………… 100
第三节 社会企业的行业监督和公众监督 ……………………… 101
一、社会企业的行业监督 ………………………………………… 101
二、社会企业的公众监督：信息公开制度 …………………… 103

第五章 我国社会企业法律规制的完善 …………………………… 108
第一节 社会企业在我国的表现形式 …………………………… 108
一、民办非企业单位 ……………………………………………… 109
二、农民专业合作社 ……………………………………………… 111
三、社会福利企业 ………………………………………………… 114
第二节 我国社会企业法律规制的不足与缺陷 ………………… 116
一、民办非企业单位的法律规制：逻辑混乱 ………………… 116
二、农民专业合作社的法律规制：监管不足与文化失调 …… 120
三、社会福利企业的法律规制：认定标准过于严格 ………… 122
第三节 我国社会企业法律规制制度的完善 …………………… 122
一、民办非企业单位法律制度：正本清源与规则重构 ……… 124
二、农民专业合作社法律制度：完善监管 …………………… 131
三、社会福利企业法律制度：放宽认定标准 ………………… 133

结　语：用法律制度促进社会企业在中国的繁荣 …………………… 135

致　谢 ……………………………………………………………………… 137

参考文献 ………………………………………………………………… 139

绪　　论

一、问题的提出：企业能够被用来做公益吗？

　　自20世纪八九十年代开始，社会企业作为一种创新性的社会问题解决方案在世界各地发展起来。无论是欧洲的英国、意大利、比利时等国还是美洲的美国、加拿大以及亚洲的韩国、日本都发展了本国的社会企业形式。社会企业的核心理念是用市场手段解决社会问题，能够在发挥市场优势的同时避免市场机制的某些缺陷，因此在为弱势群体提供就业机会、缓解贫困以及提供公共产品等方面具有其独特的作用，社会企业的功能不仅表现为经济上的促进经济增长功能，更表现为促进社会融合，实现社会的公平与可持续发展的社会功能。社会企业的发展表明，市场倡导的自由竞争会导致社会的贫富分化和不公，但市场经过外部的改造和自身的修正同样能够成为解决社会不公的手段。[1] 社会企业将市场与公益进行了融合，因此颠覆了传统企业唯利是图的形象，是市场和社会发展到一定程度的产物。我们可以通过三个典型的社会企业案例来了解社会企业如何兼顾经济功能与社会功能。

　　案例一：孟加拉格莱珉银行模式

　　格莱珉银行是留学美国并获经济学博士学位的穆罕默德·尤努斯（Muhammad Yunus）创办的专门为孟加拉贫穷农民提供小额贷款的银行，"格莱珉"在孟加拉语中意为"乡村的"，因此"格莱珉"银行又被称为"乡村银行"。

　　尤努斯任教于孟加拉吉大港大学经济系。他发现学校附近村庄的农妇为了赚取微薄的收入而向放高利贷者借高利贷，他震惊于放高利贷者对穷苦农民的盘剥。于是他自己借钱给这些贫穷的农民，借款的农民无需向他支付利息，而且不需要提供任何担保，因为农民们根本就没有什么东西可以抵押给尤努斯。本来尤

---

[1] 陈婉玲："合作社思想的源流与嬗变——基于合作社法思想基础的历史考察"，载《华东政法大学学报》2008年第4期。

努斯对农妇们能否按时还款并没有抱太大的信心,结果借钱的农妇们按时向他归还了借款,这件事给尤努斯教授带来很深的触动,他发现穷人们同样拥有良好的信用和摆脱贫穷的能力,只是他们无法从银行借到钱,尤努斯决定帮助这些穷人。于是他找到地方银行的管理者,请他们向贫穷农妇提供借款,遭到了银行的拒绝,银行告诉尤努斯:穷人们根本就不可信,借了钱根本就不会还;银行如果真要借钱给穷人也需要借款人提供抵押或担保,而穷人家里根本就没有符合银行要求的抵押物,也没有人愿意为穷人提供信用担保,因此银行不会把钱借给穷人。尤努斯教授只能以自己的名义向银行借到钱,然后再把这些钱转借给穷人,借款的穷人不需要提供抵押。结果,穷人不但按时以高于商业银行利息的方式归还了借款,而且用这些为数不多的借款进行精心经营,普遍增加了收入。为了给穷人们提供借款,尤努斯教授专门设计了一套为穷人提供贷款服务的方法,这便是"乡村银行"的最初设想。后来尤努斯教授又经过 8 年的努力和多方奔走游说,终于在 1983 年获得了政府的批准,创办了专为穷人提供贷款的"乡村银行",因乡村在孟加拉语中被称为"格莱珉",因此"乡村银行"又被称为"格莱珉银行"。

尤努斯教授认为穷人并不缺少赚钱的决心和能力,只是由于缺乏资金阻碍了穷人增加收入,而银行贷款可以帮助穷人摆脱贫困。"乡村银行"为那些想通过生产经营摆脱贫困的穷人提供少量的启动资金,借款的农民利用这笔启动资金进行生产经营并实现自我雇用,因此既为农民创造了就业机会,又能逐步消灭贫困。向"乡村银行"借款的穷人不但是银行的客户,而且还可以通过认购一份价值 3 美元的股份而成为银行股东,银行甚至向乞丐提供贷款。格莱珉银行创立以来已经帮助 600 多万孟加拉贫穷农民增加了收入,为解决困扰人类的贫困难题提供了一个有效的途径,而且也实现了自身的盈利和可持续发展。格莱珉银行的成功模式已经在全球 100 多个国家得到推广,数百万贫困人口成功脱贫。正是因为格莱珉银行在帮助穷人摆脱贫困中的独特而巨大的贡献,穆罕默德·尤努斯及其创办的孟加拉格莱珉银行被授予 2006 年诺贝尔和平奖。诺贝尔和平奖委员会评价尤努斯及其创办的格莱珉银行的获奖理由是:只有大量的贫穷人口摆脱贫困才可能实现持久的和平。

案例二:印度亚拉文眼科医院模式

印度拥有好几亿的贫困人口,很多穷人患有眼科疾病却因为没有钱医治而导致失明。文卡塔斯瓦米医生(Dr. G. Venkataswamy)是印度最著名的眼科专家,他在退休后创办了著名的亚拉文眼科医院,该医院根据就诊者的经济情况分别收取不同的诊疗费用,对富人就诊者以较高的价格收取诊疗费用,因为文卡塔斯瓦米医生是印度最好的眼科专家,所以富人都愿意找其治疗,这样医院就可以用从富人那里赚来的钱免费或以成本价为穷人治病。

亚拉文医院针对不同经济条件的患者设计了三种收费模式。第一种是正常收费付费模式,该模式针对的是富人或经济状况一般的眼病患者,患者需要按照正常的价格支付诊疗费用,该模式每天接待的患者为1400人;第二种模式是半免费模式,该模式平均每天接待500名门诊病人,该模式针对的是穷人患者,因此会诊和手术都免费,但要支付必要的医疗材料费用,如果病人需要"人工晶状体"手术的话,只需要向医院支付"人工晶状体"的成本费即可;第三种模式则是全免费模式,又被称为"医疗营"模式,该模式针对的是偏远贫困地区患有可根治性失明的病人。"医疗营"里所有的治疗都是免费的,包括住院费以及将病人从医疗营转移到医院的交通费都不需要病人承担。

2006年,到亚拉文眼科医院就诊的患者达230多万名,医院共为27万多名患者进行了手术,其中2/3的门诊和3/4的手术是为贫穷的病人免费提供的。亚拉文眼科医院凭借不到印度1%的眼科医疗资源完成了印度全国5%的眼科手术。即便如此,亚拉文眼科医院实现了自身的财务自足并获得了持续发展。从1976年成立时仅有的11张床位,很快发展成拥有6家分院、约4000张床位、年收入超过2200万美元的大规模医院。

案例三:中国残友企业模式

深圳残友集团是一家为残疾人提供集中就业的高科技公司,残友即为"残疾人之友"。创办人郑卫宁本身便是残疾人,1997年,郑卫宁与另外四名残疾人利用自己对电脑的爱好和技能,一起创办了个体企业性质的深圳市福田区残友网社,该网社主要提供电脑维修、配件销售等服务。身为残疾人的郑卫宁深知残疾人对于通过自己的就业维持有尊严生活的渴望,因此决心将残友集团发展成为残疾人提供就业的企业,帮助残疾人通过自己的能力和聪明才智实现自力更生和自我发展。在政府和社会各界的支持下,经过多年的发展,目前的残友集团能为上千名残疾人提供就业岗位。郑卫宁更是于2009年设立了专门的公益慈善基金会,并将残友集团归入基金会,使得残友集团从郑卫宁拥有的私人企业转变为公益性的社会企业,最终实现了郑卫宁创建残友的初衷,即为残疾人提供工作岗位,让残疾人通过自己的劳动过上有尊严的生活。

上述社会企业模式中格莱珉银行改变了传统银行只为富人提供贷款的做法,利用企业(银行)的策略帮助穷人摆脱贫困,并能避免由于贫穷导致的社会不稳定,实现了企业与公益的良好结合;亚拉文眼科医院则是通过为富人提供医疗服务赚取的钱来补贴为穷人免费治疗的支出和成本,并保证了医院的正常运营和发展,亚拉文医院的这种分类收费模式为医疗和慈善事业赢得了足够的资金,而且实现了自身的规模发展,从而能够为更多的穷人提供免费或低收费的医疗服务;而残友企业集团则通过直接为残疾人提供工作岗位帮助残疾人实现了自力更生。

由此可以看到社会企业在修正市场导致的社会不公、为残疾人等社会弱势群体提供就业和摆脱贫困的机会,以及弥补政府公共服务的不足方面所具有的独特价值和功能。

但社会企业的健康发展需要良好的制度保障,因为逐利冲动是资本的本能,而企业则是资本的载体,社会企业作为一种特殊的企业同样存在逐利的冲动,如何对社会企业进行法律规制从而确保社会企业在追求经济利润的同时能真正服务于社会,并避免其偏离社会目的,便成为本书的初衷和落脚点。

二、研究的目的和意义

社会企业是20世纪90年代出现的一个崭新的概念和表述,社会企业被认为是公益慈善与市场的结合和创新,能够有效弥补由于市场失灵、政府失灵和志愿失灵导致的社会公共服务的不足并促进经济社会的持续发展。正如Catford所言,"传统的福利国家手段的衰退,……这对我们的社会、经济、政治系统为了支持这种转变如何提供新的、创造性的、有效率的手段提出了挑战,从既有的迹象看,社会企业为实现人与社区潜能提供了最鼓舞人心的途径。"[1]然而,由于不同国家特殊的政治、经济与社会发展现实,社会企业在不同国家的实践发展呈现出名称和表现形式的差异性;关于社会企业的理论研究也存在本质性的分歧,本书的目的和意义就在于介绍和分析不同学科关于社会企业理论研究的分歧,并比较不同国家关于社会企业法律规制的差异,最终落脚到分析社会企业在我国的发展实践并提出完善我国社会企业法律规制制度的建议。

(一)社会企业的理论澄清

伴随着社会企业的产生,近20年来,有关社会企业的研究也成为各国学术界关注的热点议题,经济学、管理学、社会学和政治学领域的学者引领了对社会企业研究的先河,他们从不同的角度对社会企业进行了卓有成效的研究。[2] 然而经过梳理国内外相关文献资料,我们发现无论从内涵上还是外延上,乃至研究视角或话语体系上,关于社会企业的研究存在很大的差异,不同学科甚至相同学科的学者对于社会企业的认识莫衷一是,可谓歧见纷呈。[3] 经济学和管理学研究强调社会企业采取商业模式解决社会问题的手段和过程,但对于社会企业的公益性或非

---

[1] Defourny Jacques. Introduction:From third sector to social enterprise,In Carlo Borgaza and Jacques Defourny(eds.),The Emergence of Social Enterprise,Routledge,London,2001,pp.1-28.

[2] 陈雅丽:"社会企业研究:理论探讨与实践观察——近十年来中国社会企业研究综述",载《社科纵横》2014年第5期。

[3] 王名、朱晓红:"社会企业论纲",载《中国非营利评论》,社会科学文献出版社2010年版,第2页。

营利性则甚少关注,因此,经济学和管理学领域理解的社会企业涵盖非常广的范围,只要企业在经营过程中关注和解决了特定的社会问题,便可称之为社会企业;而政治学和社会学虽然也认为社会企业是采用企业的手段解决社会问题,但更关注社会企业的非营利性和社会治理功能。尽管不同学科之间存在研究视角的差异是正常现象,但对于社会企业本质性的问题,如社会企业应否进行利润分配的限制存在分歧,则会影响学科之间的对话与交流,更会造成社会企业实践发展的混乱。因此,分析澄清社会企业理论研究的分歧对于社会企业法律规制的构建以及社会企业的实践发展都具有基础性的作用。

(二)比较社会企业法律规制的国别(地区)差异

社会企业作为一个概念和表述虽然仅仅有20多年的历史,但其思想和实践渊源却可以追溯至18世纪中期产生于欧洲的合作社。第一次工业革命和资产阶级革命的成功使得欧洲的工业生产进入机器大生产阶段,资本家利用机器大生产的优势和强大的资本力量疯狂压榨工人的剩余劳动,为了摆脱机器大生产和资本家的盘剥,当时的工人、农民等社会弱势群体组成了生产者合作社、消费合作社等各种合作社,通过这种互助合作的方式改善自己的经济状况,合作社自19世纪中期产生后一直在欧洲社会存续下来并在世界各地得到复制和发展。到了20世纪80年代,伴随着欧洲福利国家的危机,大量的社会公共服务需求由于政府财政的不足而无法提供,同时市场经济所崇尚的优胜劣汰的自由竞争法则导致了社会的贫富分化和不公,各个国家面临一系列的经济和社会问题亟须得到解决。在这一背景下,欧洲国家从合作社制度中重新找回了灵感,产生了社会企业的理论和实践,欧洲委员会甚至呼吁其成员国将发展社会企业作为解决各自经济和社会问题的重要途径,在欧洲国家的影响下,美国、加拿大、韩国、日本以及我国香港和台湾地区的社会企业运动风起云涌,英国更是创设了社区利益公司这一社会企业形式,并向世界各国大力推广。与其他国家政府主导社会企业发展的模式不同,美国的社会企业却是在其强大的商业创业精神引领下发展而来,社会企业课程和实践最初是在哈佛大学、斯坦福大学、哥伦比亚大学和杜克大学等著名高校的商学院开设,在美国学界的影响下,商业界也掀起了社会企业实践的高潮,并推动各个州的立法机关修改原有的公司法律框架,设立了低利润有限责任公司、社会目的公司、弹性目标公司等法律形式,为社会企业的发展提供法律保障。亚洲的韩国于2006年制定了专门的《社会企业促进法》,该法律对社会企业的概念、认定条件以及政府对社会企业的扶持义务等都进行了详细规定。然而,考察这些国家社会企业的具体形式可以发现,社会企业在不同国家无论在名称上还是具体表现形式和运作方式上都存在很大的差异。比较不同国家关于社会企业的立法界定、社会企业的法律形式以及对社会企业的监督和补贴制度的差异以及导致这些差异的原因,能够对我国构建更完善的社会企业法律规制制度提供有益的借鉴。

(三)我国社会企业法律规制的完善

社会企业并非是我国实定法上存在的概念或组织形式,但社会企业对于我国却并非一个全新的事物,早在计划经济时期,我国便有了政府创办的为残疾人集中提供就业的社会福利企业,20世纪90年代伴随经济体制改革的大潮,政府开始鼓励社会力量开办社会福利企业。到1998年,为了弥补政府公共服务的不足,我国通过立法创立了民办非企业单位这一法律形式,学界普遍认为民办非企业单位无论从组织目的还是活动范围以及利润分配方面都完全符合社会企业的本质和特征,因此是一种典型的社会企业形式。更重要的是,在国外社会企业运动的影响和推动下,我国的非营利组织和营利性商业企业都开始有意识地创建社会企业。在理论和实践的推动下,我国政府也开始有意识地培育社会企业的发展,如2011年出台的《中共北京市委关于加强和创新社会管理全面推进社会建设的意见》中强调"积极扶持社会企业发展,大力发展社会服务业",这是"社会企业"这一概念首次出现在政府文件里。政府以明确"社会企业"这个概念的诞生并推出政策的方式公开表示支持社会创业家以及投资人创办社会企业,证明了社会企业这个积极履行社会责任的新型组织形式正在慢慢得到政府的重视与肯定。

然而社会企业在我国的发展却面临着不可避免的困境和瓶颈。首先,现有的关于社会企业的理论研究主要是介绍西方的理论成果,而且完全采取西方的理论模式来分析中国的社会企业,这导致了我国很多对社会企业的理论研究脱离了中国的实际。而且不同学科对社会企业的理论认识存在较大的分歧,尤其是作为研究基础的社会企业概念尚未达到学科间的一致,这种理论上的分歧必然导致实践中的混乱,使得人们难以确定在中国到底什么样的组织形式才是社会企业。其次,社会企业在我国的发展遭遇制度困境,如立法的空白与政策支持的欠缺,[1]由于我国没有社会企业的法律界定和认定标准,导致实践中很多自封的所谓"社会企业"根本就不具备社会企业的实质,而是靠社会企业的噱头来赚取利润。我国公众和投资界对社会企业的认可度并不高,其中的原因主要有两点:一是无论学术界还是立法部门都没有对社会企业的概念进行一致的界定,而社会企业在实践发展中又表现出组织形态和目标的复杂性和多样性。尤其是在社会企业广泛参与市场竞争的情况下容易导致社会公众对社会企业的公益性产生怀疑;二是由于社会企业采用商业手段实现社会目的,如何确保其商业手段能真正服务于社会目

---

[1] 胡亦武、石君煜:"社会企业概念及发展探析",载《贵州社会科学》2015年第9期。

标是公众最为关注的问题。① 世界各国社会企业的发展经验表明，没有法律的规范和保障，就不会有社会企业的健康发展，因此很多国家都制定了专门的社会企业立法来规范本国社会企业的发展，包括对社会企业进行立法界定，制定社会企业的认定标准以及设定政府对社会企业的监管措施等。

我国现有的社会企业形式——社会福利企业和民办非企业单位，由于法律制度设计的落后和缺陷，导致在实践中出现了很多问题，影响了其功能的发挥。如社会福利企业的认定标准过于严格，导致社会福利企业的数量日益减少，而民办非企业单位更是由于立法理念的失误和监管制度的缺失导致其背离了公益事业的本质而沦为创办者牟利的工具。同时随着其他国家社会企业运动的影响和民间公益理念的兴起，我国民间公益人士或者慈善组织甚至营利性企业也进行了大量的创新性的社会企业实践，如由宜信公司借鉴格莱珉银行模式创办的致力于农村扶贫的"宜农贷"P2P信贷助农平台②、为新毕业大学生提供求职居住和求职服务与培训的杭州携程大学生求职旅社③等。这些新的组织形式采用企业的模式运作，在实现自身盈利的基础上解决了特定的社会问题，因此在理论和实践中也被作为社会企业的形式而进行广泛的研究与宣传，这种在获取利润的同时解决了特定社会问题的营利性企业能否被称为社会企业？这一问题便涉及社会企业的法律界定这一基础性问题，同样需要立法来作出回应。

社会企业在我国的健康发展需要法律制度的规范，只有在科学完善的法律制度保障下的社会企业才能充分发挥其对经济社会发展的促进作用。④ 中国应当

---

① 张军果，张燕红，甄杰："社会企业：内涵、欧美发展经验及其启示"，载《企业经济》2015年第4期。

② "宜农贷"P2P（个人对个人）信贷助农平台（以下简称"宜农贷"）是宜信公司推出的爱心助农公益理财平台，成立于2009年。通过该平台，爱心出借人可以通过"爱心出借"的方式将富余资金出借给贫困地区需要贷款资金支持的农村借款人。每笔爱心借款最低出借只需100元，出借人象征性地收取2%的爱心回报，以做公益的形式，获取了一定的收益。而借款的农户通过劳动偿还借款，并实现脱贫致富。作为一种"可持续扶贫"的创新公益模式，"宜农贷"将以捐赠方式为主的"输血"式扶贫转化为以借贷方式为主的"造血"式扶贫模式，成功地用小额信贷模式解决了社会问题，是商业智慧与公益慈善完美结合的典型代表。参见苗青：《社会企业：链接商业与公益》，浙江大学出版社2014年版，第29页。

③ 杭州携程大学生求职旅社（以下简称携职）是一家为大学生提供求职居住和求职服务的机构，成立于2008年。其目的是减轻大学生求职负担，使命是帮助大学生找到好工作。携职采用宿舍式管理方式，向大学生收取低价的住宿费，同时为大学生免费提供求职和培训方面的指导。在发展过程中，携职逐渐形成了"求职住宿+求职培训+求职服务"的新模式。其中住宿部分收入来源于应届大学生，而人才服务和职业培训部分则来源于企业费用和政府补贴。自2008年成立以来，在政府及社会各界的支持和帮助下，携程已经服务了上万名求职者，并使数千名大学生找到工作。苗青：《社会企业：链接商业与公益》，浙江大学出版社2014年版，第46~47页。

④ 张晓萌："国外社会企业发展动态"，载《中国党政干部论坛》2016年第5期。

在立足本国经济与社会发展现实的基础上,充分借鉴其他国家规范本国社会企业发展的先进法律制度,对我国现有的社会企业法律规范进行修正和完善,防止借社会企业之名、行敛财牟利之实。只有在法律制度规范下的社会企业才能充分发挥其应有的功能,进而拓宽解决社会问题的视野与渠道,推动经济社会持续协调高效发展。[1] 而社会企业法律规制制度的构建需要建立在对社会企业的本质、内涵和外延以及监管等问题的正确理论认识之上。

三、研究综述

20世纪90年代以来,社会企业的理论研究和实践发展在世界各国兴起,经济学、社会学、管理学和政治学等多个学科的学者都从本学科的角度对社会企业开展了广泛而卓有成效的研究。然而由于各国经济、政治和文化状况的独特性,无论在理论上还是在实践中,对于如何对社会企业进行立法界定这一核心问题各国并未取得一致意见,关于社会企业的其他关键问题如社会企业可以采取的法律形式、社会企业的性质(营利性组织还是非营利性组织)以及利润分配应否受到限制等各国的选择都存在很大的差异。[2]

(一)国外研究现状

对于社会企业的历史渊源,美国学者 Karl Polanyi 认为社会企业最早可以追溯至17世纪初期产生于英国的贫民习艺所,[3] 而另一位美国学者 Mathew F. Doeringer 则认为其起源于英国18世纪中晚期出现的合作社。[4] 尽管学者们对于社会企业的具体起源时间存在争议,但都认为社会企业具有悠久的思想渊源和历史发展。

对于社会企业的概念界定,虽然社会企业在西方国家已经存在20多年甚至更长时间,但由于西方各国对社会企业认识及实践上的差异,因此无论在学术领域还是在实践部门,对社会企业的理论界定并没有形成共识。在欧洲,更多的是从社会经济范畴来定义社会企业。Defourny 指出,社会经济包括合作社和相关企业、互助社团和协会开展的经济活动。如果从法律或制度的角度进行分析,社会经济组织可以分为三类企业或组织:合作社类型的企业、互助社团类型的组织和

---

[1] 高传胜:"社会企业的包容性治理功能及其发挥条件探讨",《中国行政管理》2015年第3期。
[2] 刘小霞:"社会企业研究述评",载《华东理工大学学报(社会科学版)》2012年第3期。
[3] Karl Polanyi. the Great Transformation: The Political and Economic Origins of Our time, Boston: Beacon Press, 1957【1944】.
[4] Mathew F. Doeringer: "Fostering Social Enterprise: a Historical and International Analysis", Duke Journal of Comparative & International Law, Vol. 20, 2010, pp. 291 – 329.

协会类型的组织;如果从各类组织共有的原则和特征的角度进行分析,这些组织的基本准则表现为:(1)为成员或共同体服务,而不是为了创造利润;(2)独立进行管理;(3)民主的决策过程;(4)人员和劳动力在收入分配中优于资本,或者说只进行有限的利润分配。[1] 欧洲委员会则将社会企业视为合作社与非营利组织的交叉组织,是劳动者合作社与生产型非营利组织的混合体。

而社会企业在美国的理解和界定则较为宽泛,经济学领域学者将社会企业理解为为社会利益而实践的企业行为,而非营利组织研究者和实务工作者则将社会企业理解为传统的非营利组织为了维护组织的存续和发展而采取的利用市场进行的创收行为。社会企业在美国最早被理解为非营利组织为了实现其社会目的和维持自身的存续而采取的利用商业模式和策略赚取收入的行为。后来在经济学研究者和商界的推动下,那些包含了社会目标的营利性企业同样被认为属于社会企业。如 Dennis R. Young 认为社会企业是指采取企业的方式和商业活动,以促进社会事业或对公共财政有所贡献为目标的组织。从结构决策的角度分析,社会企业包含两种界定方式:一种是对社会公益有所贡献的营利性企业;另一种是非营利组织通过商业化手段赚取利润。根据这一界定,社会企业包括3种组织形式:企业慈善、社会目的组织及两者之间的混合型组织。[2] 另一位美国学者 Dees 同样将社会企业界定为并非单纯为财政目标而存在,而是一种多元混合的综合体,是纯慈善(非营利组织)与纯营利(营利性私人企业)之间的连续体。[3]

(二)国内研究

国内学术界对社会企业的研究开始于2004年,主要是对国外研究理论的介绍,2006年孟加拉国的尤努斯教授因创办格莱珉银行而获得诺贝尔和平奖后,社会企业在中国的研究受到了更多的关注,并且更多的研究开始关注中国社会企业的实践问题。

1. 关于社会企业的界定

关于社会企业的理论界定,国内学者同样没有取得共识,主要有两种观点,第一种观点认为社会企业是非营利组织运用商业模式解决社会问题,提供社

---

[1] Jacques Defourny "Introduction: From Third Sector to Social Enterprise," in Carol Borzaga & Jacques Defourny(eds.), The Emergence of Social Enterprise, London & New York: Routledge, 2001, pp. 1 - 28.

[2] Dennis R. Young., "Organizational Identity in Nonprofit Organizations: Strategic and Structural Implications," Nonprofit Management & Leadership, Vol. 12, No. 2, 2001, pp. 139 - 157.

[3] J. Gregory Dees. Enterprising Nonprofits. Harvard business review, Jan - Feb, 1998.

服务或福利;①第二种观点认为社会企业是非营利组织和营利组织之间的过渡形态,社会企业既不同于传统的营利性企业,也不同于纯粹的非营利组织,而是兼具非营利组织的社会使命和营利性企业的市场手段,因此社会企业既可以被理解为营利性企业的一种特殊形态,也可以被理解为非营利组织的一种特殊形态。②

尽管学者们在社会企业的界定上存在分歧,但普遍认为社会企业具有社会公益性,然而国内研究者对社会企业的社会公益属性的描述各异,如社会价值、社会使命、社会目标或目的、社会性和公益性等。学者们对社会企业社会公益性的理解主要有3种观点:一是将社会企业的社会公益性等同于非营利组织的公益性。如王名和朱晓红认为,社会企业具有非营利性组织的基本属性,即非营利性、非政府性和志愿公益性。非营利性指社会企业将全部利润致力于解决相关社会问题和增加弱势群体乃至整个社会的福利;非政府性指社会企业在决策上独立于政府,且在运行机制和管理结构等多个方面都不同于政府;志愿公益性指社会企业资源来源于部分捐赠收入和一定的志愿者参与,服务面向社区或社会弱势群体。③ 二是从利润分配的角度来表述社会企业的社会公益性,即社会企业追求的不是股东和企业所有者利益最大化,而是解决社会问题、环境问题,以公益性服务为主要目标。④ 三是从社会企业活动或经营范围来表述其公益性,认为社会企业承担着社会使命,社会企业本身所从事的事业带有社会服务和社会福利的性质,范围涵盖扶贫、失业救助、残疾、教育、环保、治安、医疗等多个层面的社会问题。⑤

2. 关于社会企业的范围

学者们还尝试对中国现实中存在的社会企业的种类和范围进行了分析。王名、朱晓红根据社会企业跨部门的多重特征,将社会企业分为市场实践层次、公益创新层次、政策支持层次和理想价值层次4种类型。市场实践型社会企业主要指

---

① 参见俞可平:"序言:发展社会企业,推进社会建设",载《经济社会体制比较》(增刊2)2007年第11期;丁开杰:"从第三部门到社会企业:中国的实践",载《经济社会体制比较》(增刊2)2007年第11期;时立荣:"转型与整合:社会企业的性质、构成与发展",载《人文杂志》2007年第4期;朱晓红:"社会企业:北京市构建节能型社会的创新机制",载《华北电力大学学报》(社会科学版)2009年第2期。

② 王名、朱晓红:"社会企业论纲",载《中国非营利评论》2010年第2期;潘小娟:"社会企业初探",载《中国行政管理》2011年第7期;舒博:"社会企业的崛起及其在中国的发展",天津人民出版社2010年版;沙勇:"社会企业发展演化及中国的策略",载《南京社会科学》2011年第7期。

③ 王名、朱晓红:"社会企业论纲",载《中国非营利评论》,社会科学文献出版社2010年版,第6页。

④ 潘小娟:"社会企业初探",载《中国行政管理》2011年第7期。

⑤ 时立荣:"转型与整合:社会企业的性质、构成与发展",载《人文杂志》2007年第4期,高海虹:"发展社会企业:改善公共服务能力的有效途径",载《理论探讨》2011年第6期。

的那些登记注册为工商企业并作为营利性企业发展起来,而在其发展的一定阶段转向公益实践,逐渐发展成为社会企业的类型;公益创新型社会企业主要指那些登记注册为非营利组织并作为公益组织发展起来,而在其发展的过程中引入越来越多的市场机制,逐渐发展成为社会企业的类型;政策支持型社会企业主要指那些基于政府的判断所定义的、需要从政策上给予支持的社会企业类型。这类社会企业通常被限定在特殊的政策领域,如救助失业、扶助落后地区以及为社区提供公共服务,相应发展起来的社会企业就主要集中在这些领域;理想价值型社会企业是充分实现了公益与市场有机结合的社会企业,这类社会企业无论是采取企业的形式还是非营利组织的形式,都不再简单地表现为企业或非营利组织,而从本质上超越了企业和非营利组织,表现为更高层次的社会创新。[1]

　　时立荣认为我国社会企业包括扶助弱势群体发展的公益性社会服务组织,如残疾人福利企业,也包括提供公益性人本服务的社会服务组织,如民办非企业和事业单位。[2] 丁开杰认为中国有4类组织属于"类社会企业"或"准社会企业":民间组织、合作社、社会福利企业、社区服务中心。[3] 金锦萍认为尽管我国法律体系的框架内并没有"社会企业"这一术语,但是并不意味着不存在类似组织。如果从其内涵分析,我国社会企业由来已久,最为典型的就是社会福利企业和民办非企业单位。如果说社会福利企业是具有社会目标的营利组织,那么民办非企业单位则是从事经营活动的非营利组织。社会企业在中国可以采取营利或者非营利两种模式。[4] 余晓敏认为中国尚未颁布有关社会企业的专项法律,目前社会企业所采取的法律形式迥异,各类社会企业在所有权、税收减免、利润分配、治理模式等方面具有不同的特征。并将中国社会企业划分为就业促进类社会企业如社会福利企业、社会照料类社会企业(如养老服务组织、弱势儿童照料服务组织、社区服务组织等)、扶贫类社会企业(如小额贷款组织)、提供医疗服务类社会企业(如公益服务性质的医疗机构)和教育发展类社会企业(如改善流动农民工子女教育的组织等)。[5] 郑夏蕾同样认为社会企业这一名词虽然尚未出现于正式法律文件中,但根据其定义与内涵,我国一直存在着大量社会企业形式,包括社会福利企业

---

[1] 王名、朱晓红:"社会企业论纲",载《中国非营利评论》,社会科学文献出版社2010年版,第7页。
[2] 时立荣:"转型与整合:社会企业的性质、构成与发展",载《人文杂志》2007年第4期。
[3] 丁开杰:"从第三部门到社会企业:中国的实践",载《经济社会体制比较》(增刊)2007年第2期。
[4] 金锦萍:"社会企业的兴起及其法律规制",载《经济社会体制比较》2009年第4期。
[5] 余晓敏、张强、赖佐夫:"国际比较视野下的中国社会企业",载《经济社会体制比较》2011年第1期。

和民办非企业单位以及以公司形式设立的社会企业。[①]

(三)对现有研究的评价

首先,从上述对社会企业国内外研究成果的介绍和分析可以发现,虽然对社会企业的宏观概括(即社会企业是采用企业手段解决社会问题的组织)在不同学科以及地区之间,都没有异议,但对于社会企业可以采取的法律形式、社会企业的性质是非营利组织还是营利组织以及社会企业的目的范围这些基本问题,无论是国家与国家之间,还是不同学科之间都存在明显的分歧。不同国家之间关于社会企业法律规制存在差异的原因为:一是由于社会企业概念本身的宽泛性为国家提供了取舍和解释的空间;二是由于不同国家特有的经济、政治与社会传统以及面对本国亟须解决的特定社会问题所采取的应对策略不同。研究其他国家对于社会企业的立法界定以及法律监管与补贴机制可以为本国社会企业法律规制的构建和完善提供借鉴的思路。而不同学科的学者对于社会企业观点的差异一方面固然可以让我们了解社会企业的多样性和灵活性的特征,但另一方面却不利于开展不同学科之间的对话和交流,这种学科之间的自说自话会导致社会企业理论研究和实践发展的混乱,并影响国家对社会企业法律规制的构建和完善。

其次,开展跨国学术研究的目的在于为本国的理论构建和制度建设服务,因此我们在介绍和分析国外的研究成果时,更应该采取中国的视角和问题意识,去挖掘国外的研究和制度能够为我国提供哪些借鉴,而不应完全采取西方学者的研究视角照本宣科,因为不同的国家具有差异巨大的经济、政治与社会发展现实。而我国理论界关于社会企业的本土化研究不够具体深入,现有的研究大多是对其他国家的社会企业发展经验进行单一学科视角的概括性介绍,而对社会企业在我国的发展实践缺少针对性研究,原创性的经验研究和理论创新都严重不足。而且现有的关于社会企业的理论研究严重滞后于实践发展,对社会企业的外延、活动领域以及组织性质等关键问题存在太多的分歧,理论研究无法有效地回应社会企业实践发展中遇到的问题,这种滞后性和碎片式的理论研究无法对社会企业的实践发展提供足够的指导。因此我国现有的社会企业理论研究缺乏应有的前瞻性和指导性。

四、本书的写作思路和结构安排

科学的理论研究应当遵循"知其然,并知其所以然"的格物致知原则,对社会企业法律规制的研究同样应当首先了解社会企业的产生背景和理论基础;在此基

---

① 郑夏蕾:"中美社会企业法律规制比较研究及对中国的启示",载《科学·经济·社会》2015年第3期。

础上来分析社会企业到底是什么？即如何对社会企业进行理论界定；由于社会企业的理论界定过于抽象和宏观，不同的国家在制定社会企业立法时会根据本国经济社会发展的需求对社会企业的理论界定进行一定程度的限缩，并制定更为具体的社会企业认定标准，比较不同国家对社会企业的立法界定和认定标准的差异可以让我们发现不同的社会企业形式并更有针对性地进行借鉴；在确定了社会企业的立法界定和实践认定标准后，还需要对社会企业进行必要的政府监管和社会监督，以防止社会企业偏离其社会目的而沦为资本赚取利润的工具；社会科学理论研究的最终目的是指导并服务于社会实践，因此，本书最终落脚到分析我国社会企业法律规制的不足，并提出重构的建议。基于这一写作思路，本书结构安排如下：

第一章分析和讨论社会企业的产生背景。追溯社会企业的历史起源，分析社会企业兴起和发展的国际和国内背景以及社会企业在全球发展的不同路径，并从理论上分析社会企业产生的原因和社会企业的功能。

第二章讨论不同学科对社会企业的理论界定，因为清楚地定义一个概念是科学研究的前提条件。研究社会企业的首要问题是如何对这一新兴的概念进行准确的定义，从而廓清其内涵与外延。虽然大量的研究者试图对社会企业进行概念的界定，但对于社会企业的内涵、外延、边界与形式等核心问题，不同领域的学者给出的答案存在很大的差异。社会企业概念的混乱导致了研究的非严谨性和大量异质方法的出现，并成为跨领域对话和理论进步的障碍。本章将分别介绍不同学科对社会企业的理论界定，重点论述从法学视角应如何对社会企业进行理论界定，并在此基础上分析社会企业的特征和性质以及社会企业的范围，力图对社会企业的内涵与外延给出精确的描述。

第三章考察不同国家社会企业的立法界定和实践认定，社会企业在理论上可以概括为兼具经济目的和社会目的的组织，然而由于企业本身内涵的创新性和灵活性特征，再加上"社会目的"同样可以被赋予不同的理解和解释，因此这一理论界定过于宏观和抽象。如果任由人们按照自己的理解对社会企业的"社会目的"进行随意理解和解释，将会破坏社会企业概念的规范性和严谨性，因此必须通过立法对社会企业和社会目的进行明确的界定，并在实践中确立具体的认定标准。同时只有获得了法律层面上的认可和明确界定，才能摆脱公众对其"社会公益性"和"经营性"双重身份的质疑，社会企业才能获得"名正言顺"的地位并受到相应的法律保护和监管。分析并比较不同国家对于社会企业的立法界定和实践认定标准可以帮助我们了解社会企业的多样性和灵活性，并根据本国经济社会发展的现实有针对性地进行借鉴。

第四章研究社会企业的政府补贴与监督。社会企业服务于特定的社会目的，客观上协助政府履行了部分公共职能,这为政府对社会企业提供补贴以及其他支持措施提供了法理依据。社会企业虽然能够为很多难以解决的社会问题提供有效的解决方案,但我们并不能将其假定为天使,社会企业积极功能的发挥需要完善的法律规范和保障,否则,社会企业很可能变成"披着羊皮的狼",既破坏公平的市场环境,又对整个社会的诚信度构成危害。因此应当通过完善的政府监管和社会监督机制来防止社会企业偏离社会目的而异化为创办人牟利的工具。政府作为公共利益的代表应该在社会企业的设立、运营和终止的整个过程进行监督。对于社会企业的合法规范运营来说,仅靠企业自治和政府监管是不够的,因为企业自治无法完全隔断人的逐利本性,而由于监管资源和能力所限,政府根本不可能对所有社会企业进行有效的监管,因此需要辅之以社会监督。社会企业的社会性为社会公众对其进行监督提供了法理依据。

第五章探讨我国社会企业法律规制制度并提出完善的建议。我国虽然没有"社会企业"这一正式的法律术语,但存在大量的社会企业表现形式。社会福利企业、农民专业合作社、民办非企业单位都符合社会企业的本质和特征,因此属于社会企业的范畴。而且最近几年,由于受社会企业学术研究的推动和国外公益组织社会企业运动的影响,我国同样出现了一些自称"社会企业"的组织,但由于缺乏法律制度的规范,这些自称为"社会企业"的组织存在界定标准的混乱和组织目标的错位,很多并不属于真正的社会企业。而既有的社会企业形态如社会福利企业、农民专业合作社以及民办非企业单位由于法律制度设计的缺乏,导致在实践运行中没有充分发挥社会企业应有的功能,尤其是作为民办非企业单位的民办医院和民办学校几乎完全蜕变为创办者敛财的手段。因此我国有必要重新审视现有的关于民办非企业单位以及社会福利企业的法律规制制度,并在借鉴其他国家社会企业法律制度的基础上,构建符合我国现实和需要的社会企业法律规制制度。

五、可能的创新与不足

本书可能的创新与突破体现为三个方面:一是首次从理论上对社会企业的内涵和外延进行了全景式的扫描与分析,并从法学的视角提出了对社会企业进行理论界定要考虑的因素。以往的研究都是从单一学科的视角对社会企业进行理论界定和分析,这种学科之间的闭塞导致对社会企业理论界定的差异和分歧,本书则在全面介绍经济学、管理学和社会学等学科对社会企业的理论界定的基础上,提出了对社会企业进行法律界定的标准,以弥合不同学科之间对社会企业界定的差异。二是对社会企业的立法界定和实践认定标准进行了全面的国际考察与比较,从而了解社会企业在实践中的多样化的表现形式,在对不同国家在社会企业认定中涉及的不同因素进行归类分析的基础上,总结关于社会企业不同认定标准的优点和缺陷。三是在介绍我国社会企业的历史与现状的基础上,系统分析和总结了我国现阶段社会企业的表现形式及其法律规制制度的缺陷,最后提出完善我国社会企业法律规制制度的建议,包括如何对社会企业进行立法界定以及如何确定我国社会企业的认定标准,尤其是结合民政部的《社会服务机构登记管理条例(征求意见稿)》(即《民办非企业单位登记管理条例(修改意见稿)》)提出了重构我国民办非企业单位法律制度的具体方案。

当然,由于作者学科背景的限制和理论水平的局限性,使得本书存在诸多的不足,如在论述社会企业的功能时,本书认为社会企业在公共产品的提供上可以弥补政府的不足,但对于公共产品的概念界定和外延以及提供的主体的论述不够充分;对于如何防止社会企业享有的政府补贴损害公平竞争的市场秩序的论述不够具体深入;社会企业税收征收和监管法律制度的设计对于确保其公益性和健康发展具有至关重要的作用,由于这一问题涉及复杂的税收理论和实务制度,而作者不具备对这一问题进行深入研究的专业和学科背景,因此对这一问题本书未作论述。

六、主要研究方法

(1)跨学科研究方法。社会企业问题并不是某一个单一学科的研究问题,而是经济学、政治学、管理学、社会学和法学等学科共同关注的问题,致力于为社会企业进行制度规范的法学研究必须充分汲取其他学科的研究成果,才可能形成对社会企业更全面、更完整、更准确的认识,从而构建更为科学的社会企业法律规制制度。

(2)比较研究方法。比较研究的方法贯穿于本书的始终,本书既有社会企业理论研究学科之间的比较,还对社会企业的立法界定和实践认定标准进行了国别的比较,比较的目的是了解不同学科之间对社会企业认识的共识和差异,并找到消融学科差异的方法,因为制度的构建是建立在共识之上,过多的差异会阻碍制度的达成。而比较不同国家关于社会企业理论与实践发展的差异可以使我们更好地理解社会企业的多面性,从而对中国发展社会企业的策略和法律规制提供有益的借鉴。

(3)伯克利观察法。伯克利观察法(Berkeley Perspective)是指美国加州大学伯克利分校的一些法学学者所推崇的将法学研究和政策性研究相结合的学术研究方法,强调理论应着眼于解决社会现实问题。作为社会科学的一个分支,法学研究的生命在于对社会实践提供直接的指导,通过对社会企业的实际观察,发现当下中国社会企业的发展是一个实实在在的"真问题",因此本书密切关注社会企业在中国发展的现实,并运用社会企业理论来分析和审视这些社会现实,尤其是对民政部向社会发布的《社会服务机构登记管理条例(征求意见稿)》提出了具体而系统的修改建议,体现了本书对现实的密切关注和对社会实际需求的高度契合。

第一章 社会企业的兴起和在全球的发展

在过去的半个多世纪里,全球经济取得了飞速的发展,很多国家创造了巨大的经济财富。然而,经济的发展和财富的增长却并没有缓解长期存在的诸如结构性失业以及残疾人等弱势群体的就业等社会问题,反而加剧了社会贫富分化。据《环球时报》2016年1月20日报道,根据国际知名慈善组织乐施会发布的2015年年度报告,占全球人口1%的富人拥有的财富相当于其余99%的人的财富之和,而全球富人中的前62个超级富豪拥有的财富等于36亿穷人拥有的财富总和。更令人震惊的还有财富集中的速度在加快:在2010年,大约全球最富有的前388个人拥有全球财富的一半,到2014年最富有的前80个富人占有全球财富的一半,而到了2015年却变为前62个超级富豪占有了全球财富的一半。贫富悬殊的程度日益严峻已经成为一个影响人类社会发展的全球性问题,如果任由贫富悬殊持续恶化,整个人类社会将会更加分裂,甚至陷入冲突和战乱。新加坡亚洲新闻台对该现象的评论认为:富人更富,而穷人更穷,现在的世界比其他任何时候都分裂。德新社更是呼吁人类社会应当重新制定规则并制定新的、公平的经济和财政政策,来缓解日益严峻的贫富分化问题。瑞信研究院发布的《2015年度财富报告》警告称,2014年,世界前0.7%的富豪坐拥全世界45%的财富。如果任由贫富差距继续拉大,那么全球经济将再度陷入衰退。市场经济引发的贫富加剧不仅会引发社会的分裂,更会影响市场经济自身的发展。历史的经验表明,市场经济的发展必须伴之以对人、自然和社会的保护机制,否则市场经济会危及人类的生存。[①]既然市场是导致社会贫富分化以及其他相关问题的根源,解决的思路便是从作为根源的市场本身入手,将公益慈善的基因植入市场,从而实现对市场过度追求利润无视社会公平这一劣势基因的改造,于是,作为公益慈善与市场结合的社会企业应运而生。

---

① Karl Polanyi. the Great Transformation: The Politieal and Economic Origins of Our time, Boston: Beacon Press, 1957.

第一节　社会企业兴起的背景和原因

一、社会企业的起源与发展

(一)关于社会企业起源的考证

关于社会企业的起源,不同的学者从各自的研究视角出发进行了不同的考证:有学者认为,虽然"社会企业"这一术语的出现是最近十多年的事,但其所涵盖的现象却可以追溯到1601年英国为规范慈善活动和慈善行为而制定的《伊丽莎白济贫法》中所规定的贫民习艺所;[①]还有学者认为,社会企业最早可以追溯至工业革命时期产生的各种合作社,合作社成立的初衷是当时的工人和农民为了应对机器大生产和资本对自己的过度盘剥而自愿结成的团结互助组织。最早的合作社是成立于1761年的英格兰芬威克编织合作社(The Fenwick Weavers' Society),该合作社为了全体会员的利益进行商品贸易,所获得的收入用来为合作社成员购买食物和书籍,并为会员提供贷款、储蓄和教育等多种服务。到1844年,英国西北部城市洛奇代尔(Rochdale)成立了一家现代意义上的工人合作社,当地的28名工人为了避免受到工厂主通过向他们销售生活用品对他们进行的二次盘剥,自发筹资28英镑建立合作社来采购食物等物品,并以合理的价格销售给工人,而英国的这种合作社传统一直发展延续并传播到欧洲其他国家。[②] 这些合作社便是19世纪欧洲社会由市民自发组织的社会协作组织。[③]

在美国,早在建国之初,慈善组织就采用商业活动来支持其慈善活动,那时的宗教组织和社区组织通过举办集市和出售手工制品的方式来补充社会捐助的不足,[④]这种传统一直延续至今。在1902年,美国卫理公会牧师Edgar J. Helms在马萨诸塞州的波士顿创办了美国历史上最有名的社会企业"善良意愿企业"(Goodwill Industries),"善良意愿企业"雇用城市贫民来销售富人捐赠的物品,然后利用获得的收入为贫困社区的居民提供劳动培训。类似组织在20世纪早期和

[①] 杨家宁、陈健民:"西方社会企业兴起的背景及其研究视角",载《中国非营利评论》,第172页。
[②] 王世强:"社会企业在全球兴起的理论解释及比较分析",载《南京航空航天大学学报》(社会科学版)2012年9月。
[③] 甘峰:"社会企业与社会协同治理",载《世界社会主义研究》2014年第3期。
[④] 崔雁:"社会企业概念探析———欧美地区比较视角",载《山西高等学校社会科学学报》2013年第2期。

中期的美国都小规模存在。[1]

应该说,上述学者对社会企业起源时间的考证并非基于严格规范的历史考察,实际上,由于社会企业内涵和外延的开放性和不确定性,导致我们难以对其在世界范围内起源的具体时间得出明确的结论。甚至有人认为人类为了社会目的而进行商品交易的历史大概与人类社会自身的历史一样悠久,这一观点并非毫无道理,相反有着坚实的社会学和人类学理论支撑,人类作为社群动物具有天然的互助本能,合作社[2]便是这种互助本能的直接体现,而合作社是社会企业的最初表现形式,并且至今仍然在世界各国普遍存在。因此,虽然由于受到具体的社会历史文化和经济及政治因素的制约,社会企业在不同的国家和地区具有不同的表现形式,但其内核即人类的互助精神却是具有普遍的共性。就中国社会企业的历史来讲,我国有学者认为封建时代儒商开办的义学以及计划经济时期的福利企业、残疾人福利工厂等都是借助经济手段维护社会事业的安排,因而都是社会企业在我国不同时代的表现形式。[3]

社会企业与人类的互助本能以及在此基础上形成的合作社传统具有密切的联系,因此人类社会自产生之日起似乎就不缺乏社会企业的身影,尤其是工业革命时期的欧洲出现了大量的工人合作社,合作社成员通过抱团取暖的方式来应对急剧的社会变革给自己的生产和生活带来的各种冲击。一直到今天,意大利、法国、德国、芬兰等欧洲国家仍然存在浓厚的合作社传统,这些国家的社会企业也主要表现为各种合作社。然而,第二次世界大战之后,英国开启了现代福利国家的先河,其他欧洲国家纷纷效仿建立了福利国家模式,公民的生老病死几乎完全由政府负责,在这种背景下,建立在公民互助传统上的合作社的发展呈现出下降的趋势。

(二)社会企业发展与兴盛的历史必然性和逻辑基础

尽管社会企业的起源已经有将近二百年的历史,但也仅仅是在各国零星地存在,并未在世界范围内获得大规模的发展。然而自20世纪90年代开始,社会企业开始在欧洲国家获得了重生和兴盛,并很快传播到美洲和亚洲等其他国家和地

---

[1] Mathew F. Doeringer: "Fostering Social Enterprise: a Historical and International Analysis", Duke Journal of Comparative & International Law, Vol. 20, 2010, pp. 291-329.

[2] 指本身不营利,而为其成员或股东提供经济服务的组织或社团。按其功能和特征,合作社可以分为消费合作社、市场营销合作社、商业采购合作社、工人生产合作社、金融财务合作社、保险合作社、工会、同业公会以及自助合作社等。薛波主编,潘汉典总审订:《元照英美法词典》,法律出版社2003年版,第320页。

[3] 乜琪、李勇:"社会企业:价值与未来—第三届公益主题国际研讨会综述",载《中国非营利评论》,社会科学文献出版社2013年版,第105页。

区,取得了广泛的发展并表现出强大的生命力,这说明社会企业的产生和发展具有客观的历史必然性。社会企业作为非营利组织与市场结合的产物,不仅与非营利组织的发展有关,也与市场经济的发展密不可分。社会企业不仅体现了非营利组织所具有的社会公益性和社会成员参与和面向社会的志愿性,而且体现了对盈余分配的自我限制性。企业作为市场的主体既可以用来为创办者谋取利润,企业的高效性和灵活性同样也可以被用来解决社会领域方面的问题,社会企业恰恰是企业手段与市场资源在社会领域的适用。社会企业产生于市场,但又是对传统意义上的市场与企业的超越,是市场经济与社会公益有机结合的结果。市场组织完成了财富的创造和第一次分配,政府通过税收等手段对财富进行第二次分配,而非营利组织则是通过志愿行为实现了财富的第三次分配。社会企业把市场组织创造财富的功能和非营利组织以志愿求公益的功能进行了融合。社会企业是非营利组织和作为市场主体的企业在各自超越自身的传统功能和发展模式以及在不同阶段角色定位基础上的扬弃,是把企业手段和社会公益结合起来并推向更高阶段的制度创新。

社会企业既是非营利组织发展到一定阶段的产物,同时亦是市场经济发展到一定程度的必然结果。[1] 而非营利组织本身便是市民社会发展的产物,没有市民社会的充分发育,便不会有非营利组织的发展和繁荣。因此,社会企业的产生和发展必须具备两个逻辑前提:一是市场经济的高度发达;二是市民社会的充分发育。社会企业起源于欧洲,英国西北部城市洛奇代尔成立的工人合作社被很多学者认为是世界上成立最早的社会企业,这与当时西欧国家商品经济和资本主义经济的快速发展紧密相关。[2] 社会企业在20世纪90年代重新兴盛于欧美国家,恰恰是欧美国家发达的市场经济与相对成熟的市民社会为社会企业的成长提供了肥沃的土壤。

1. 社会企业发展与兴盛的经济基础:市场经济的高度发达

市场经济被公认是资源的最佳配置方式,而且市场经济具有强大的适应性和扩张能力,市场经济的方式和手段并不仅仅适用于传统的经济领域,社会领域的公益慈善组织同样适用,社会领域适用市场原则和方法的典型便是社会企业。

一方面,市场经济强大的扩张性和企业家作为市场主体所具有的持续不断的创新精神使得其突破了传统的竞技领域和发展规则。在传统上,市场主要负责私人物品的提供,大量的营利性企业在私人物品的供应领域展开竞争。随着这种竞争的日益激烈化,一些营利性企业将其商业触角扩展到传统上为市场所忽视的社

---

[1] 王名、朱晓红:"社会企业论纲",载《中国非营利评论》,第9~10页。
[2] 胡亦武、石君煜:"社会企业概念及发展探析",载《贵州社会科学》2015年第9期。

会公共产品或服务领域,虽然对公共产品或公共服务的投资具有投资大、期限长以及利润低等劣势,但其同样具有收益稳定且容易获得政府的扶持等优势,因此,伴随着市场经济向社会公共产品或服务的扩张,社会企业应运而生。市场经济的发展也使得其自身不断修正既有的竞争规则,追求高额或超高额利润是传统市场竞争的唯一目标,但随着企业社会责任理念的兴起,营利性企业在追求经济利润的同时,还开始关注企业发展所带来的环境影响、企业员工福利的改善以及消费者权益保障等问题,因此,营利性企业会将本来可以赚取或已经赚取的利润投入到改善公共福利领域,这同样促进了社会企业的产生和发展。

另一方面,市场经济遵循的适者生存的丛林竞争法则会导致部分社会成员被市场淘汰出局,这些被市场淘汰出局的社会成员没有能力参与市场竞争,无法获得市场竞争的收益,因而成为经济上的劣势群体。然而市场经济并不可能完全脱离社会的整体环境而独善其身,市场经济的发展需要和平稳定的社会秩序和社会环境。人类社会的发展历史和经验充分表明:战乱或社会冲突必然会破坏市场经济的正常运行,而社会劣势群体规模的扩大是社会冲突的根源之一。事实上,如果富者与穷者达不到一种建立稳定秩序的合作与共识,富人的财富安全也难以得到保障。因此,注重对经济劣势群体权益的保护,不但关涉到国家的整体安全,更与社会上每一个人的生命与财产安全息息相关。因此,社会企业运用市场手段去帮助经济劣势成员及其他社会弱势群体摆脱贫困,既体现了市场经济广泛的适用性和强大的功能,同时又是市场经济发展到一定阶段后为了确保其今后的健康发展而对自身副作用的自我修复或弥补。

2. 社会企业发展与兴盛的社会基础:市民社会的充分发育

马克思在谈到西方市民社会的发展时指出:"在生产交换和消费发展的一定阶段上,就会有一定的社会制度、一定的家庭、等级或阶级组织,一句话,就会有一定的市民社会。"[1]市民社会是市场经济发展到一定阶段的产物,市民社会的主体表现为各种社团组织和非营利组织,这些社会组织通过对市场经济的约束和调节,能减少市场经济的内耗,从而推动市场经济的进一步发展。市民社会的发育更是塑造了社会成员的互助合作观念,就像哈耶克指出的:"由于每个人都依赖于一种合作体系,没有这种合作,所有人都不会有一种满意的生活,因此利益的划分就应当能够导致每个人自愿地加入到合作体系中来,包括那些处境较差的人们。"[2]市民社会的高度发育同时意味着公益慈善理念的普及,全社会将对弱势群

---

[1] 马克思:"致巴·瓦·安年柯夫",载《马克思恩格斯选集》人民出版社1995年版,第4卷,第532页。

[2] [英]哈耶克:《自由秩序原理》,邓正来译,"生活·读书·新知"三联书店1997年版,第104页。

体的扶助视为一种重要的公共利益,强调确保弱势群体公平地享有经济和社会发展的成果。① 社会企业便是把经济增长过程和结果有机统一内嵌的经济社会协调发展模式。

二、社会企业兴起的国际背景

社会企业在经过"二战"之后短暂的沉寂之后,在20世纪八九十年代在世界各国重新复苏并获得了迅速发展,尤其是孟加拉经济学家尤努斯博士因为创办格莱珉银行帮助孟加拉数以万计的最贫困家庭摆脱贫困,并因此获得了2006年诺贝尔和平奖,使得社会企业在全球声名鹊起,引起了各国政府、企业界和学术界的广泛关注,很多国家更是将社会企业视为解决经济与社会发展过程中深层次问题的一剂良方妙药。社会企业在全球的兴起具有深刻而复杂的国际背景。

(一)经济下滑导致的福利国家危机

"二战"之后的三四十年期间,随着经济的快速发展和国家财政实力的增强,西欧各国普遍建立了福利国家模式。但随着20世纪70年代由于石油危机引发的经济衰退,欧洲的长期失业人口占到了总失业人口的40%。而政府财政的削减同样降低了国家提供失业救助和劳动力市场整合等失业问题的能力,②尤其是西欧国家普遍进入老龄化社会,政府的财政收入已经无法满足日益增长的巨额福利支出,到了20世纪80年代后期,英国等欧洲国家的福利国家模式已经步履维艰。而福利国家模式也引发了一系列的社会问题。首先,政府用以支撑高福利的财政收入来源于高税收,而高税收一方面增加了企业生产的产品或提供的服务的成本,从而削弱了这些产品或服务在国际市场上的竞争力,另一方面,高税收也增加了纳税人的负担,并助长人们的懒惰情绪,工作和不工作的收入差别不大,因此很多人就钻福利国家的空子,选择不工作,个人对国家福利的过分依赖形成了所谓的"懒汉国家",整个国家必然缺乏活力。欧洲国家的财政赤字是由于优越的福利政策造成的。于是,人们开始对经济增长时期确立的福利国家体制进行反思,或者对国家作用的边界提出质疑,等等。③ 如果继续坚持原来的高福利模式,将会使政府陷入福利危机和破产的境地,并继续增长人们的依赖情绪;而如果变革之前的福利政策则可能加剧低端劳动力市场的竞争激烈程度,当然如果彻底改

---

① 李昌麒:"弱势群体保护法律问题研究——基于经济法与社会法的考察视角",载《中国法学》2004年第2期,第84页。
② 董蕾红:"社会企业的法律界定与监管——以社会企业参与养老产业为分析样本",载《华东理工大学学报(社会科学版)》2015年第3期。
③ 甘峰:"社会企业与社会协同治理",载《中国特色社会主义研究》2014年第3期。

变原来的福利模式则可能会激起选民的强烈愤怒甚至引发政局动荡。

面对这一两难困境导致的福利僵局,欧洲国家从其历史上就一直存在的合作社传统中吸取灵感和经验,开始变革福利模式,变革的方式不是简单的削减政府提供的福利,而是把政府的福利支出转变为对社会福利事业的投资,建立工作导向型福利制度,政府与社会组织合作,通过对非营利组织提供补贴等方式鼓励其开展劳动力培训和工作整合方案来应对这种政府服务不足留下的社会问题,而这些整合方案经常带有商业性或社会企业的特征。欧洲各国同时改变了之前实行的由政府部门完全提供福利的做法,鼓励非营利部门参与社会福利的供应,并在政府采购中对非营利组织的投标行为实行适当的优惠政策,这又为非营利部门提供的产品和服务创造了巨大的市场。这样,在国家政策的扶持下,基于合作社传统的社会企业在欧洲又重新繁荣并发展壮大。

(二)非营利组织收入来源的减少

美国虽然不属于西欧那样的高福利国家,但20世纪七八十年代的全球性经济衰退同样对美国的经济和社会造成了很大的冲击。源于美国第一批移民对国家公权力的恐惧和防范以及美国宪法缔造者们的自我约束,美国的政府权力边界并不像欧洲国家那样广阔,因此美国被称为"小政府,大社会"国家,即美国具有深厚的市民社会传统。作为市民社会主体的非营利组织承担了非常广泛的社会职能,在公共产品的提供上对政府形成了有力的补充,如美国的大学和医院很多都是由慈善机构创办的,虽然也接受政府一定的资助,但这些非营利组织在很大程度上依赖外部的捐赠维持生存和发展。经济衰退和政府财政的削减导致美国很多慈善组织失去了资金来源,而失业人口的增加又导致慈善资源需求的增加,一些慈善组织便改变原来的依赖社会捐赠和政府补助等外部资源的生存模式,转而依靠开展商业性活动创造收入来维持生存和发展。[①] 类似的情形也发生在日本,20世纪90年代日本房地产泡沫破灭导致了经济的衰退,同时日本面临严重的老龄化形势,财政收入的降低和支出的扩大使得日本财政赤字严重,日本政府认识到通过鼓励非营利部门来提供和维持公共服务将减少政府支出,从而能够更好地帮助政府摆脱债务困境,于是日本政府开始大力扶持包括社会企业在内的非营利组织。

经济衰退导致的财政收入的降低使得政府没有能力独自承担对其公民实行从摇篮到坟墓的全方位福利供给,而非营利组织以志愿求公益的属性与政府的职能具有目标的一致性,因此政府开始与非营利组织进行合作来共同提供公共产品和服务。同时,慈善组织等非营利组织不满足于"授人以鱼"的救助方式,他们开

---

① 董蕾红:"社会企业的法律界定与监管",载《华东理工大学学报》2015年第3期。

始创新救助模式,将之前实行的直接提供财物救助改为帮助弱势群体提高生存和发展的技能,如提供就业培训和就业机会,通过企业经营与市场手段来运作公益慈善项目,让弱势群体在市场或社会经济中就业,这种"授人以渔"的救助方式更能从根本上解决失业和贫困等深层次社会问题,之前单纯依靠财物资助的救助项目就转变为可持续发展的产业,这既减轻了政府用于福利支出的财政负担,又为经济发展提供了新的增长点。而运用企业手段进行运作的非营利组织也有了更稳定的资金来源,从而使得非营利组织能利用自身创造的资源来保证发展的可持续性。社会公众不断增加的日益多样化的社会需求与非营利组织持续和独立发展的内在动力相结合,推动了社会企业的迅速发展。最初的社会企业主要关注解决弱势群体的就业问题,伴随社会企业采用市场手段解决社会问题模式的成功,更多热衷于社会公益事业的人士开始表现出对社会企业的兴趣。再加上企业社会责任、道德消费以及公益投资在国际社会的兴盛,社会企业的社会目标也越来越多样化,解决的社会问题越来越广泛,公民社会领域被政府和社会公众看作创造就业与经济增长的热土。①

(三)社会投资和道德消费理念的出现

社会投资同样是为了应对欧洲福利国家的弊端而出现的一种新的政治经济理念,其本质是鼓励人们将资金更多地投向社会公益领域,利用企业的手段和市场的方式帮助社会弱势群体改变劣势地位,变负担为资源的一种社会福利统筹策略。② 社会投资理念要求国家注重社会成员自身能力的开发、积累与激活,促进机会的平等,从而实现社会政策与经济增长协调发展。③ 与政府层面的社会投资理念相对应,市场经济的发展带来的财富增加也使私人投资发生了价值观的转向,一些热衷于公益慈善事业或具备高度社会责任感的成功商业人士也从单纯追逐利润转向对社会道德和社会公平的追求,商业精英们也更愿意投身于能带来更大社会价值的职业领域,而不再将经济收入放在最重要的地位,投资者们也更愿意投资于那些具有更高道德感的企业。

与社会投资相对应的是消费者道德消费意识的增强,道德消费(Ethical consumption)是人们在日常消费行为中所体现出来的一种对人类自身以及整个世界的关怀意识,该意识会引导消费者在进行消费时更倾向于选择那些包含更高

---

① 于晓静:"国外社会企业的发展及其启示",载《社团管理研究》2011 年第 5 期。
② 张广利,张婷婷:"从福利国家到社会投资国家:吉登斯关于福利体制的再造",载《改革与战略》2012 年第 4 期。
③ 梁誉,冯敏章:"超越'奥菲悖论':社会投资理念的兴起与转变——兼论我国社会政策发展的着力点",载《河海大学学报》2015 年第 6 期。

道德因素的产品或服务,如消费者会选择以同样的价格甚至更高的价格购买贫困地区出产的农产品以增加贫困农民的收入。这里的"道德"既包括生产者,也可以针对消费者,道德消费理念的核心在于对人类、动物和环境不造成伤害或剥夺。根据一项调查,接近一半的美国人不愿意与那些他们眼中的违背最佳社会利益的公司进行交易,在其他因素相似的情况下,接近90%的消费者会选择那些更具社会责任感的品牌。而且人们对道德消费的追求已经从普通商品扩展到电子产品、通信以及金融等专业服务领域。[1] 2014年欧洲企业社会责任协会进行的消费者调查显示:12162名接受访问的消费者中,44%的人愿意为社会责任和环保产品付更多的钱。

总之,面对经济衰退导致的福利国家的困境以及非营利组织收入来源的减少,针对市场造成的不平等和全球化的挑战,政府和市场都无力单独解决社会问题,[2]社会企业这种在历史上一直存在的组织形态被欧美等国家再次推上了历史舞台,同时伴随社会投资和道德消费理念的兴起,社会企业被赋予了更多的历史使命,在政府引导和扶持下,社会企业在最近二十多年在全球范围内取得了蓬勃发展。

三、社会企业兴起的理论解读

学者们对社会企业兴起的原因从各自的学科角度进行了理论解释,经济学理论向来是人们解释非营利部门存在原因及功能的非常重要的分析工具。社会企业作为市场与非营利组织有机结合的创新形态,同样可以从经济学理论中找到其兴起与发展的合理解释。同时,任何一个国家的政府都会通过手中掌握的政治力量对本国经济社会的发展根据自己的偏好进行引导和形塑,以促进本国经济和社会的更好发展,所以政治学理论同样可以对社会企业的兴起与发展提供合理的解释。

(一)社会企业兴起的经济学理论解释

1. 需求方理论

政府失灵和市场失灵理论从社会需求的角度解释了社会企业兴起的原因。经济学家Burton Weisbrod利用古典经济学理论来解释非营利组织存在的原因,认为市场固然能够实现资源的最优配置,但市场规则奉行的是"优胜劣汰"的丛

---

[1] 郑夏蕾:"中美社会企业法律规制比较研究及对中国的启示",载《科学·经济·社会》2015年第3期。
[2] 王世强:"社会企业在全球兴起的理论解释及比较分析",载《南京航空航天大学学报》(社会科学版)2012年9月。

林法则,这种竞争规则必然将一些市场中的弱者排挤出主流市场之外,导致严重的社会不公。而且由于资本天生的逐利本性使得没有人愿意投资于投资大、收益低的公共产品领域,即便是市场机制参与公共产品的提供,由于信息不对称和竞争机制的不足,消费者不具备足够的能力和信息来对他们所购买的公共物品的品质进行评判,同时由于存在负外部效应和信息不对称等因素,导致在公共产品领域的市场失灵。[1] 而且营利机构因为有利润最大化的内在需求,难以很好地协调自身的获利冲动与提高公共产品或服务的质量中的冲突,而非营利部门则不存在利润最大化的压力,因此它们能够提供更值得信赖的公共物品或服务。

为纠正市场失灵,以凯恩斯为代表的经济学家主张政府对市场进行干预,并承担市场不愿触及的公共产品的供给责任。但政府干预并非灵丹妙药,市场失灵的领域同样会发生政府失灵。首先,现代政府都是通过民主选举产生,这种民选政府为了维持自己的执政地位,都会选择根据"中间选民"的需求来提供公共物品,而大量的其他公共产品的需求无法通过政府来提供,这其中的空隙只能由非营利部门来填补。其次,政府在向社会提供公共产品的过程中所耗费的成本相比市场可能更大,政府提供公共产品的成本除了税收成本之外,还有程式化的政府运转机制以及向公务员支付的超出市场水平的工资等。因此只要政府提供公共产品或服务的成本相对于市场和企业的成本越高,中间选民就越不愿意选择由政府来提供公共产品,留给包括非营利组织在内的私有部门去满足的需求空间也就越大。另外,缺乏竞争及企业绩效指标而导致的生产无效率也是政府无法有效提供公共产品的原因。[2]

2. 供给方理论

供给方理论则从供给的视角解释了包括社会企业在内的非营利组织发展壮大的原因。供给方理论的核心是社会企业家的出现,20 世纪后期,社会企业家理论在西方市场经济发达国家得到了广泛传播与发展。Drayton 最先提出社会企业家的概念,将原先局限于市场领域的企业家理论拓展应用于社会领域,Drayton 认为企业家不应当只关注企业利润或经济收益,同时也应当关注社会的发展,能够以企业家精神为依托推动整个社会走上新的发展道路。[3] 2007 年斯坦福大学的 Roger L. Martin 和 Sally Osberg 从社会均衡的视角对社会企业家进行了更为精确全面的界定,他们认为社会企业家是以打破导致部分社会群体被忽略、被边缘化

---

[1] 黄莉培、方卫华:"社会企业与商业企业的区别与概念研究",载《行政管理改革》2015 年第 6 期。

[2] 崔燕:"试析社会企业兴起的解释理论",载《太原大学学报》2013 年 3 月。

[3] 亓学太:"当代西方社会企业家理论的演进与创新",载《长春市委党校学报》2007 年第 3 期。

或被不公平对待的、非全优的社会均衡为目标,用自己的创造性、灵感和勇气以及坚韧的行动去建立新的、能够使目标群体和社会持久受益的新的均衡的人。①

社会企业家的出现并非偶然现象,而是特定环境的社会土壤培育出来的集企业家精神与公益慈善情怀于一身的人。如同西方的艺术传统一样,那些最伟大的艺术家如米开朗琪罗等都是在宗教精神的感召下才创作出举世闻名的伟大作品,西方的慈善传统同样与宗教传统有着密不可分的联系,而宗教传统同样是培育社会企业家最重要也是最常见的社会环境。在欧美国家,多个不同的宗教为了吸引教徒相互之间存在激烈的竞争,为了吸收更多的教徒加入自己的宗教或教派,各个宗教以及教派之间便通过向社会公众提供更多的公共服务来吸引信徒,最早的慈善组织便是通过这样方式产生的,这是各种非营利组织产生和发展的深层次原因,而在非营利组织的基础上形成了社会企业家。社会企业家同样可以从单纯的企业家转化而来,如比尔·盖茨和脸书的创办人马克·扎克伯格都已经将自己的巨额财富捐赠出来设立了慈善基金,当然他们的慈善基金只是委托专门的投资机构进行运作并使用其中的收益从事慈善事业,如果他们不是设立慈善基金而是直接投资并运营不以营利为目的的企业,凭借非凡的商业才能他们同样可以成为卓越的社会企业家。

包括社会企业在内的非营利组织还可以被视为一个"多重产品公司"(multi-product firms),因为这些组织可以同时提供盈利性服务和亏损性服务从而最大限度地实现其社会使命。亏损性服务是直接为组织的社会公益使命服务,而营利性服务是为亏损型服务提供财务补贴,从而维持组织的存续和发展。现在很多非营利组织都会在组织内部设立一些商业分支机构或提供某些商业服务来获得收入以服务于组织的社会项目可视为该理论的现实例证,例如图书馆内部会设立咖啡馆或餐厅来提供收费服务,并利用收取的费用补贴图书馆的运营支出。这便是著名的"交叉补贴"(cross–subsidization)理论。② 前文介绍的印度亚拉文(Aravind)眼科医院采用的便是用富人的钱来补贴穷人,因此是"交叉补贴"的典型案例。

3. 融合的价值理念

"融合的价值理念"的核心内容是:任何投资都可能兼具经济、社会和环境效益,而且投资带来的经济回报、社会价值和环境价值这三者之间并不存在此消彼

---

① 彭秀丽:"社会理论演进及其对我国公共服务均等化的启示",载《吉首大学学报》(社会科学版)2009 年第 2 期。
② James C. E, How does Nonprofit Grow: A Model[J], Journal of Policy Analysis and Management, 1983(2):35–66.

长的冲突关系,这三种回报和价值目标完全可以同时并存于每个投资行为中。"融合的价值理念"是对市场经济单纯追求经济回报这一发展模式的反思和批判,因为在过去的一百多年中,几乎全球所有国家的经济增长都是建立在资源的高消耗和对环境的破坏的基础上。如果我们不对这种发展模式进行变革而任由环境继续被破坏,那将来整个人类的生存将面临威胁。所以,面对人类未来的生存问题,包括中国在内的很多国家都开始根据"可持续发展"理念来调整经济和社会的发展模式,即企业在赚取经济收入的同时,还应在促进社会公平和环境的可持续发展方面发挥作用。实际上,所有组织都可以并都正在创造混合的价值,如营利性企业可以创造工作岗位,可以为国家创造税收来源,这些都属于营利性企业在追求利润的同时附带创造的社会价值。营利性组织、非营利组织以及混合型组织的分类关注的仅仅是投资者对他们特定的投资行为所追求的不同性质的回报及其程度。营利性组织以追求经济回报为目标,非营利组织以社会价值为追求目标,而混合型组织则既追求社会价值同时也追求经济价值。所以关键的问题是:什么是一个组织追求的最为重要的价值?通过何种法律制度来保障这种融合价值的实现?正是基于这种融合的价值理念,将社会使命与企业相结合,同时追求社会价值、经济价值和环境价值的社会企业在全球开始蓬勃发展。[①]

(二)社会企业兴起的政治学理论解释

"新公共管理运动"是最被广为接受的解释非营利组织兴起原因的政治学理论。完全的市场经济导致了市场失灵,产生了大量严重的社会问题,从20世纪上半叶开始,以凯恩斯为代表的经济学家主张政府对市场进行干预,以抵御市场失灵导致的经济危机及种种社会问题,正是对凯恩斯理念的信奉,西欧国家建立了福利国家模式,福利国家模式意味着政府对经济和社会的全面干预,但过度的政府干预又导致了低效率和官僚化,从而出现了"政府失灵"。为弥补市场失灵和政府失灵引发的各种问题,自20世纪70年代后期开始,"新公共管理"理论在西方发达国家如英国和美国产生,该理论强调对政府规模进行缩减以降低政府运行的行政成本,并将市场机制和企业家精神引入政府运行以提高政府部门的工作效率,运用市场原理来重塑政府、企业与社会组织在社会分工中的角色和职能,解决政府过度干预市场和社会所带来的种种弊端。发挥市场机制在整个社会资源配置中的主导作用。同时,新公共管理理论强调在公共服务领域同样应当发挥市场对资源的有效配置功能,因此社会公共服务领域同样应当向市场和社会开放,大量的公共服务可以由社会组织通过市场化的竞争机制来参与提供。由政府向社会组织购买公共服务,而不是政府自己直接向社会提供以满足社会的需求成为很

[①] 崔燕:"试析社会企业兴起的解释理论",载《太原大学学报》2013年第3期。

多国家推进公共服务社会化的理性选择。在这一过程中,大量的非营利组织和企业参与到公共服务的提供,其中市场化程度较高的那些非营利组织逐步发展为社会企业。[1]

20 世纪 80 年代英国首相撒切尔夫人和美国里根总统的执政便是遵循新公共管理运动理论的政治实践。在政府财政不足以支撑福利开支的情况下如何应对社会福利问题?撒切尔夫人和里根总统同时将目光转向了包括慈善组织在内的非营利部门。而"新公共管理"运动的核心参与者便是非营利组织和作为私人主体的企业。实际上,许多国家的政府运作体系早就蕴含并体现了这种"新公共管理思潮",最为典型的便是 20 世纪 70 年代的美国,在联邦政府和州政府这一表面的政治结构背后存在一个功能强大的"第三方政府"(third party government)系统,这一"第三方政府"便是与联邦政府和州政府存在密切协作关系的营利组织和非营利机构。政府与这些第三方机构建立紧密的合作关系,通过"契约外包"和政府提供财政补助等方式,鼓励这些营利机构和非营利组织来承担公共产品的提供责任。[2] 这一实践同样推动了社会企业在欧美国家的兴盛和发展。

总之,探究社会企业兴起与发展的根源可以发现,全球性社会问题不断增多,而传统意义上的社会三大部门——企业、政府和传统的非营利组织未能给予有效的解决,是社会企业兴起的重要背景和原因。在这种社会背景下,传统非营利组织与作为传统营利性组织的企业,尽管各自的初始目标存在差异,但是为了各自的可持续性发展,两种组织形式开始相互汲取自身上的优势基因,营利性企业吸取非营利组织的社会价值,非营利组织吸收营利性企业的高效性,于是最终向两者的中间状态社会企业靠拢。[3] 社会企业也因为集市场的高效性和非营利组织的社会情怀于一身,形成对传统社会三大部门治理失灵的有益补充。[4]

四、社会企业在全球发展的不同路径

不同的国家具有不同的经济、政治与社会背景,因此社会企业在不同国家和地区的兴盛和发展具有不同的驱动力,并呈现出截然不同的生成路径。

(一)公民社会驱动型

社会企业在欧洲国家兴盛和发展的最重要的驱动力来源于其深厚而成熟的

---

[1] 王名、朱晓红:"社会企业论纲",载《中国非营利评论》,社会科学文献出版社 2010 年版,第 15~16 页。
[2] 崔燕:"试析社会企业兴起的解释理论",载《太原大学学报》2013 年 3 月。
[3] 胡亦武、石君煜:"社会企业概念及发展探析",《贵州社会科学》2015 年第 9 期。
[4] 高传胜:"社会企业的包容性治理功用及其发挥条件探讨",载《中国行政管理》2015 年第 3 期。

公民社会传统。公民社会传统在欧洲具有悠久的历史,最早可以追溯到古希腊的"城邦政治",后来随着思想启蒙运动和资产阶级革命的胜利,欧洲独立的公民阶层得以产生,政府与社会得以分离。在公民社会状态下,政府与社会既相互独立又彼此合作,政府可以缩减自己的职权范围,并将这部分职能交给社会。以公益为宗旨的非营利组织构成欧洲公民社会的主体,非营利组织在从事公益慈善服务的过程中,创新性地引入企业的运作模式,产生了欧洲的社会企业。

（二）商业创新驱动型

美国虽然同样具有高度发达的公民社会,但其社会企业发展的驱动力更主要来自于浓厚的商业创新文化与创业精神。美国是商业文化极其发达的国家,其经济发达的一个重要原因就在于创新型的商业文化,创新的商业方法被广泛应用于各个领域,创新精神促使更多年轻人投身于社会创业。[①] 美国热衷于研究社会企业的学术机构是耶鲁大学、斯坦福大学等大学的商学院,因此与欧洲社会企业的表现形式不同,美国的社会企业是营利性商业企业自觉将企业的经济目标与社会目的进行融合的自我改良,强调的是商业企业除了关注经济利润外,还要同时提出创新性的解决社会和环境问题的方案。由于美国的社会企业在很大程度上脱胎于商业企业,因此其内涵和外延呈现出不同于欧洲社会企业的特质,尤其是不受非营利原则的约束。

（三）政府主导驱动型

亚洲国家由于缺乏公民社会传统,但又认识到社会企业对于经济和社会发展的作用,便开始采用政府推动的方式发展本国的社会企业。这其中韩国最为典型,韩国政府早在 2006 年便制订了《社会远景 2030》的政府计划,该计划提出发展社会企业以弥补韩国政府在社会公共服务提供方面的不足,韩国更是于 2007 年 10 月颁布了专门的《社会企业促进法》,根据该法律,韩国政府为社会企业的建立和发展提供资金补贴、管理咨询和人才培训等各种促进措施。时任总统李明博更是将推动社会企业的发展作为其 5 年任期内的一百个国家议程行动的重要组成内容大力推动。日本和我国香港地区同样制订了各种社会企业的培育方案,政府作为培育方案的实施主体通过建立社会企业孵化基金以及政府补贴的方式推动社会企业的建立和发展。

当然上述对社会企业在不同地区生成路径的考察比较的仅是占主导作用的因素和力量,实际上不同国家社会企业的发展是同时受多种因素共同作用的结果,只不过某种因素在某一地区的影响和作用更加突出。在这些驱动社会企业发

---

① 王世强:"社会企业在全球兴起的理论解释及比较分析",载《南京航空航天大学学报(社会科学版)》2012 年第 5 期。

展的不同因素中,公民社会和商业创新文化尤为重要,犹如鸟之双翼共同推动了社会企业的发达。在公民社会发育不够成熟的国家,即便有强大的商业文化,也不可能建立发达的社会企业部门。韩国和日本具备强大的商业文化,然而公民社会的发育却相对落后,因此只能通过政府力量的介入来推动社会企业的发展,然而政府介入社会企业的发展如同外力,而公民社会对社会企业的自发推动则是内力,在促进社会企业发展的效果和作用上比政府的外力推动要强大得多。

第二节 社会企业的价值与功能

社会企业具备社会价值和经济利益的双重关怀以及经济目标和社会愿景的双重可持续性,采用市场运作的手段来解决社会问题,社会企业这种手段与目的的多维性和融合性使得社会企业具备了独特的价值。经过三十多年的实践和发展,社会企业也体现了其巨大的经济和社会功能。社会企业的兴盛和发展更是体现了公民意识的提升,社会企业充分发挥公民的志愿精神和公益理念来解决因社会的高速发展产生的各种各样市场和政府无法解决的深层次社会问题,弥补了政府和市场的缺陷,更体现了其在社会建设领域的独特价值。[1]

一、社会企业的价值

(一)社会企业的公平价值

市场经济奉行的是适者生存的丛林法则,这固然能提高资源配置的效率,但不可避免会导致竞争中的失败者成为社会弱势群体,社会弱势群体在社会各个领域往往会遭受到不公平的待遇。正如美国学者弗朗西斯·福山指出的:贫穷对穷人和流浪汉造成的伤害不仅仅体现在物质方面,更体现为对他们个人尊严的无视和侵害。因为穷人在绝大多数情况下都不会受到其他社会成员的足够重视,政治家们也很少顾及穷人的利益,司法制度和警察也不会很好地保障他们的权利。[2]而关注社会弱势群体则是社会企业的天然使命,社会企业利用市场机制来修复市场自身导致的社会不公平问题,并且努力使每一个人都能参与到经济和社会发展中来,分享经济社会发展的成果,从而改进弱势群体的经济与社会待遇,实现社会公平。

---

[1] 崔志如:"社会企业:一个被超前预热的乌托邦",载《博鳌观察》2014年10月。
[2] [美]弗朗西斯·福山:《历史的终结及最后之人》,黄胜强等译,中国社会科学出版社2008年版,第330~331页。

社会企业采用市场化手段解决社会问题,能够克服"市场失灵"和"政府失灵"导致的社会福利的缺失。市场经济无法有效地提供诸如清洁的环境等特定公共产品,市场经济同样会造成人们之间以及地区之间在资源占有上的不平等,因此市场经济无法实现社会福利的最优,更无法缓解社会经济的不平等。而社会企业试图在解决市场失灵问题的同时解决分配不公等问题,社会企业还可以通过提供内含更高环境标准的产品来提高人们的环保意识,通过提供内含更高道德标准的产品或服务,如销售由艾滋病人生产的手工艺品来实现对弱势群体的援助。社会企业的目的可以是慈善性的,但比慈善目的更为广阔。例如,向特定的雇员群体(如残疾工人)支付高于市场水平的工资并不符合慈善目的,但可以被合法地界定为符合社会目的。社会企业致力于从根源上解决市场和政府无法解决的社会问题,如残障人士等弱势群体的就业问题、帮助贫困人口摆脱贫困问题、老年人服务事业等。尤其是对于残障人士的就业和帮助贫困人口摆脱贫困问题,社会企业采取的是"授之以渔"式的根源性解决方法,因此能够帮助构建一个更加公平与包容的世界。

正是看到社会企业在解决社会问题、实现社会公平方面的独特价值,世界各国政府开始采取措施大力鼓励社会企业的发展。英国前首相布莱尔更是对社会企业推崇有加,认为社会企业将强大的商业触觉与公共服务精神结合在一起,尤其擅长满足公共产品的需要,为企业组织开辟了新的运营模式和路径。布莱尔认为社会企业在服务领域和经济领域都具有非常重要的地位,而且社会企业的活动领域很宽广,在促进英国经济发展方面的潜力是巨大的。经济与社会合作组织同样对社会企业给予了高度评价,认为社会企业在解决社会排挤和失业问题方面能提供创新型解决方法。[1]

(二)社会企业的效率价值

社会企业能够提供比传统非营利组织(如慈善组织)和政府更具效率的解决社会问题的方案。以对残障人士的救助为例,政府对残障人士的救助表现为提供最低生活保障,慈善组织的救助表现为提供直接的财物资助,而社会企业则通过为残障人士提供就业岗位的方式帮助其掌握生活技能并实现生活的自助,从而节省政府和慈善组织的救助资源。如我国的残友集团便是这方面典型的成功案例。残友集团的创办者郑卫宁自己就是一位肢体残疾者,其创办的残友集团雇佣的员工也绝大部分是残疾人,他充分利用这些残疾员工在电脑应用方面的特长开拓公司业务,并利用赚取的利润帮助社会上的残疾人提供生活技能,如免费对残疾人

---

[1] 董蕾红,李宝军:"社会企业的法律界定与监管——以社会企业参与养老产业为分析样本",载《华东理工大学学报(社会科学版)》2015年第3期。

进行电脑培训等。

社会企业比传统非营利组织和政府更有效率的原因,一方面在于社会企业运用商业模式和管理方法,如运用企业规划、开发市场、公关宣传、品牌塑造、激励员工、资源整合等在商业领域已经被证明是有效的做法,这些方法提升了社会企业的工作效能;另一方面的原因是很大一部分社会企业的创办者和组织成员本身就来自于社会底层、社会边缘群体或者社会弱势群体,因此相比那些为了享受政府的税收优惠或为了履行社会责任的商业企业以及高高在上的政府部门,他们更了解社会弱势群体产生的根源以及社会底层真正需要什么样的帮助,因此提供的解决问题的方案也更加具有针对性。以英国的"大问题"杂志社为例,该杂志社的主要运营模式是雇佣街头流浪者贩卖杂志,其创办人约翰·伯德(John Bird)小时候便是一位露宿街头者,他知道露宿街头者最需要的是工作机会,但是他们习惯偷盗并且暴力好斗,不容易进行管理,因此必须根据他们的特点采取适当的措施才能有效地管理他们,如要求他们花钱去批发报纸然后去售卖比采取强硬的管理手段更有效。"大问题"杂志社到现在已经运营了十多年,在全英国有超过15万份的流通量。十多年的运营使得"大问题"杂志社取得了不菲的经济收益,更为重要的是使那些困扰英国政府多年的街头流浪者能够自己赚钱养活自己,并且很多人已经改邪归正,回归主流社会,减少了街头犯罪行为,既减少了政府对犯罪者进行关押改造所支付的费用,又节省了社会对他们进行救助要投入的费用。[①]

(三)社会企业的创新价值

社会企业另外一项重要的价值在于社会创新。社会创新既可以表现为技术创新和服务创新,也可以表现为机构组织形式和治理体系的创新,还可以表现为团队工作方式的创新等。但最终可以归纳为两方面的创新:一是发现社会发展和变迁中产生的真正问题和真正的需求;二是针对这些问题和需求,用创新性的方式对社会资源进行整合,并寻求解决特定问题和满足社会需求的有效方案。社会企业将公益慈善理念和商业模式进行结合,面对令政府和社会头痛的如犯罪、吸毒以及失业等深层次社会问题,社会企业可以提出创新性的解决途径,上文谈到的"大问题"杂志社对于街头流浪者问题的解决便体现了这种创新性。

社会企业通过商业运作解决社会问题,它利用商业运作的方式创造利润,但是创造的利润不是用来为企业的投资者进行资本积累和分配,而是为实现既定的社会目的,如用于社区的环境改善或帮助那些处于困境的人们,正因如此,社会企业被称为公益模式的创新。尤努斯创办的格莱珉银行便是这种创新的典范,格莱

---

① [英]詹姆士·鲁波特,贾斯汀·罗:《平凡创传奇—社会企业妙点子》,钟慧元译,商务印书馆(香港)有限公司2008年版,第3~10页。

珉银行为穷人提供小额贷款,穷人因为无法提供担保以及脆弱的还款能力在传统上是被排挤在主流金融市场之外的,但通过一定的创新性政策支持,这些穷人不但还清了贷款,还实现了盈利并逐渐摆脱了贫困。这说明,虽然市场的残酷竞争是造成贫困的根源之一,但只要方式恰当,如给穷人提供逐渐适应市场竞争的机会,让他们边干边学,他们便会掌握更多的技能和知识从而逐渐摆脱贫困。社会企业的这种创新性在激励社会关怀之心的同时,还会激励更多的人去积极思考,从而激发人们不断创造新的解决社会问题和实践社会公益的途径。

社会企业的创新价值还表现在社会企业善于发现和开发新产品、新服务和新市场。商业企业出于成本因素的考虑往往会忽视甚至放弃贫困落后地区的市场开拓和服务,政府或传统的非营利组织由于资源所限往往也无暇顾及这些地区。而社会企业往往立足社会基层,能够发现社会底层群众的需求,可以利用其低成本及灵活性的优势在贫困地区开发出灵活多样的、居民可负担的产品和服务。社会企业通过创新性的方案对社会力量进行整合与重构,并致力于解决长期困扰人类社会的深层次问题。它关注的问题既包含个体性的遭遇也包括整个人类社会整体发展所面临的瓶颈。[1]

总之,社会企业反映了人们对于社会发展过程中的公平、效率以及创新价值的需求,体现了社会、市场与政府部门之间的多元合作要求。伴随着三个部门之间界限的日渐模糊,社会企业作为创新型的混合组织形态将更广泛地活跃于社会生活的各个领域,并充分发挥这三大部门的优势以整合社会资源,共同推进社会的包容与和谐发展。

二、社会企业的功能

社会企业作为市场与非营利组织的融合,吸收了市场和传统非营利组织的优势,在促进经济增长、提供公共产品、提供就业机会以及促进社会融合等方面能发挥巨大的功效。

(一)增加经济的多样性和稳定性,提高经济增长潜力

社会企业能增加经济的多样性和稳定性。就经济多样性来说,社会企业一般规模较小,而且在内部决策和治理上更具民主协商精神,克服了大型企业的死板和低效率,社会企业的内部员工对企业具有更高的责任感和归属感,社会企业的目标服务群体对社会企业也具有更高的认同感。社会企业一般生长并服务于基层和社区,能很快了解社会需求,运作上机动灵活,因此能够以更快的方式对市场需求和变化做出反应并快速应对。传统的企业或者只服务于有钱的群体或者只

---

[1] 张晓萌:"国外社会企业发展动态",载《中国党政干部论坛》2016年第5期。

生产高利润的产品,因而当经济萧条、人们购买力下降时,会首先削减这部分支出,[1]社会企业考虑的则是消费者的基础性、根本性的需求,这种需求不会随着经济条件的改变而产生太大变化,因此社会企业具有更强的经济稳定性。正是基于此,尤努斯博士认为社会企业赚的钱具有更强大的力量,它可以循环,具有永不磨灭的生命。[2]

社会企业作为市场与社会融合的产物,集中了市场的高效性和公益慈善的社会性,并摒弃了各自的缺陷,使得经济的发展更具可持续性。市场经济虽然被公认为在资源的配置上最具效率,但市场奉行的优胜劣汰的"丛林法则"在带来经济高度发达的同时也造成了社会财富分配的不同,资本对利润的过度追逐导致了其对生态环境的漠视和破坏。但是市场经济不可能脱离社会和环境而独善其身,市场竞争造成的社会不公和资本逐利导致的环境恶化反过来会破坏市场发展所需要的和平的社会环境,从而阻碍经济的进一步发展。作为社会主体的非营利组织以提供社会服务为主要目标,具有较强的创造社会价值的能力。然而,传统的非营利组织仅仅是一种"滴水经济",因为它们的存续完全依赖于外部的捐赠。而且非营利组织同样存在两大先天的缺陷:一是非营利组织在实现社会价值方面大多是不计成本的;二是传统非营利的管理者更多地把精力放到如何吸引捐赠和补贴的活动中,而不是放在如何实现组织的规模扩张和效率上,尽管非营利组织也可以采用特定的投资形式,在允许的领域和规模范围内实现捐赠财产的保值增值,但是这种投资受到非常强的约束限定,因而其创造经济价值的能力也受到极大的限制。[3] 而作为两者结合的社会企业则利用市场的高效性来创造具备社会价值的产品或服务,使得经济和社会的发展更具可持续性。一些西方学者甚至高呼:社会企业时代的到来正在验证一个激进的思想,即市场可以被有效地用来创建一个不仅创造物质财富,同时还具有积极的社会和环境影响的更有良知的资本主义。社会企业正在挑战那种非白即黑的模式,并且呈现了一种新的可能性。[4]

正是看到了社会企业在稳定经济和解决社会问题方面的双重功能,欧洲委员会建议其成员国采取措施鼓励公民创办社会企业,以弥补欧盟与美国之间在生产

---

[1] 江海波:《英国社会企业不衰的秘密》,华夏时报2012年12月6日,第20版人道慈善周刊。

[2] Muhammad Yunus: Social Enterprise: "Doing Well by Doing Good. Business". Entrepreneurship and the Law, Vol. 1, 2007, pp. 99 – 109.

[3] 谢家平、刘鲁浩、梁玲:"社会企业:发展异质性、现状定位及商业模式创新",载《经济管理》2016年第4期。

[4] Kyle Westaway: "Beyond Black and White: the New Paradigm of Social Enterprise". New York University Journal of Law & Business, Vol. 9, 2013, pp. 439 – 445.

力上的差距。① 据统计,在社会企业比较发达的英国至少有 5.5 万家社会企业,占全英所有企业总数的 5%,这些社会企业每年对英国 GDP 的贡献达 84 亿英镑,占到英国 GDP 总量的 1%,从业人员达 47.5 万人,还提供了 30 万个志愿工作岗位。② 正是因为社会企业的灵活性、多样性和对抗经济波动的稳定性,使得社会企业对经济增长具有重要的支撑潜力,也正是基于此,管理大师彼得·德鲁克作出如下预言:社会企业将成为推动全球未来经济发展的重要力量,甚至可能是后资本主义时期发达经济体中潜力最大的增长力量。③

(二)以更高的效率提供公共产品,弥补政府公共服务的不足

首先,社会企业作为传统非营利组织的创新模式,能够及时地了解和反映民众的诉求,从而起到政府与社会之间进行沟通的桥梁作用,而且社会企业相对于商业企业更容易获得政府和社会公众的信任和支持。以解决社会特定问题为使命的社会企业会更加关注并参与传统营利性组织不愿涉足的领域,尤其是更愿意为社会提供诸如教育、医疗卫生、养老服务、社区建设以及环境保护等社会公共产品或准公共产品,从而形成对政府提供公共产品能力不足的有效补充,减轻政府的压力。其次,社会企业采用企业化的运作模式,它虽然并非以利润最大化为目标,但在提供公共产品时仍然会尽可能实现成本的最小化。在确定服务或产品价格上,因为社会企业的社会目的性以及利润分配的受限性,它就不会完全根据市场来定价。而是会充分考虑服务对象中低收入者的支付能力。企业化运作模式也使得社会企业在组织性、规范性和专业性等方面要远远优于传统的非营利组织,能够更高效、更规范、更专业地提供公共产品和公共服务。

以养老服务为例,养老服务由于高成本、低收益的特点在传统上被排挤在市场领域之外,因此具有公共物品的特性,然而由于财政预算的有限性,养老服务的责任不可能完全由政府来承担。在世界范围内,养老服务一般都是由非营利组织或公益组织来承担,社会企业作为创新型的非营利组织恰好符合养老服务的要求。20 世纪 70 年代,受经济衰退的影响,西方国家普遍发生福利危机,在这种背景下,强调政府、企业和社会等多元主体共同承担社会福利责任的多元福利理论应运而生,多元福利理论正好符合老年人长期照护政策的特点,于是社区照护的养老模式逐渐受到西方国家的青睐。社会企业参与养老服务产业在英国和日本已经取得了广泛的社会认同和良好的社会效果。

---

① 董蕾红、李宝军:"社会企业的法律界定与监管——以社会企业参与养老产业为分析样本",载《华东理工大学(社会科学版)》2015 年第 3 期。
② 于晓静:"放大社会企业的价值与效应",载《前线》2011 年 11 月。
③ 彼得·德鲁克:《非营利组织管理》,机械工业出版社 2007 年版,第 6 页。

同时期的英国,因为社会服务预算无法满足老年人口迅速增加的需要,英国政府开始鼓励非营利组织参与老年人社区照护,以替代之前的医院照护。英国政府认为这种社区照护不但可减少政府预算支出,更有利于满足老年人的实际需要。于是社会企业渐渐成为英国社区照护养老的主要提供者。日本同样是一个严重的老龄国家,受中国传统儒家思想的影响,日本社会认为家庭和社区应当为陷入困境的人提供帮助,因此社区参与老年人养老在日本具有悠久的历史传统。日本于 1991 年成立了第一家社区老年人照护机构,这种老年人照护机构通常是由小型的私人住所在不改变房屋结构的情况下改建而成,目的是为了让老年人在这里更有家的感觉,每一个社区老年人照护机构通常每天能容纳 9~15 名老年人。除了服务老人之外,日本社区老年人照护机构还为社区内的其他社会群体如残疾人或精神病人提供照护。到 2001 年,为了解决社区老年人照护机构发展中的资金困境,日本政府发起了一项常规性补助方案,即鼓励将城市的老建筑改建成老年人社区照护机构,其中的改建费用由政府承担。在这一补助方案的激励下,日本长野地区的老年人社区照护中心由 1999 年的 12 个发展到 2008 年的 362 个,其中的 242 个登记为非营利社会福利机构或医疗公司,102 个注册为商业企业,剩下的 9 个登记为合作社。[①] 这些社区老年照护机构有效地缓解了日本老龄化形势下政府对老年人的照护压力。

(三)为社会弱势群体提供就业机会

为弱势群体提供就业机会是社会企业最基本的功能,法国、德国以及芬兰等欧洲国家的社会企业主要表现为工作整合型社会企业,强调其为残疾人、低技能者以及长期失业者提供劳动和工作岗位的功能。据统计,欧洲目前大约有 100 万家社会企业,大约占到欧洲企业总数的 10%,这些社会企业为大约 1100 万人口提供了工作岗位,从 1996 年到 2005 年的 10 年间,社会企业大约创造了 42 万个就业岗位,同一时期,整个社会的工作岗位总数增加了 41%,而社会企业创造的工作岗位却增加了 67%。社会企业对西班牙就业岗位增加的贡献尤其突出,西班牙在 2006 年有超过 5 万家社会企业,这些社会企业的雇员数量超过 240 万人,占西班牙总就业人口的 25%。[②]

在我国,社会企业更是契合了老龄化和城镇化的双重时代背景,在为社会提供养老服务的同时发挥多方面的经济和社会功效。首先,社会企业以较低的成本为老年人提供优质的养老服务的同时为大量的农村转移人口提供了工作岗位。

[①] Rosario Laratta:"the Emergence of the Social Enterprise Sector in Japan". International Journal of Civil Society Law. Vol. IX, No. 6, 2011, pp. 35 – 54.

[②] http://www.legco.gov.hk/yr07 – 08/chinese/hc/Papers/hcll30cb2 – 393 – c. Pdf

在我国城镇化背景下,大量农业人口转移到城镇寻求就业机会,这些农业人口一般并不具有较高的工作技能和学历,因此在传统的就业市场上往往受到排挤。而社会养老企业需要的恰恰是这些不具备高技能的劳动人口。其次,社会养老企业还可以解决老龄农业转移人口在城市的二次发展与养老问题。我国第一代农业转移人口已经逐渐进入老龄时代,无法继续从事建筑业等高强度的体力劳动,而他们的子女大部分也已经在城市务工生活,因此他们返乡养老也有重重困难,社会养老企业可以为这部分群体提供较低成本的养老保障,同时还可以通过开展技能培训使该部分人群中年龄较轻者能够从事照料陪护、社区服务类工作,为其提供适合的工作机会,从而在实现其自身二次发展的同时为人口老龄化和社会公益贡献力量。[1]

(四)促进社会融合,推动社会公平与可持续发展

在过去的半个多世纪里,全球经济取得了飞速的发展,很多国家创造了巨大的经济财富。然而,经济的发展和财富的增长却并没有缓解长期存在的诸如结构性失业以及残疾人等弱势群体的就业等社会问题,反而加剧了社会贫富分化。如果任由贫富差距继续拉大,那么全球经济将再度陷入衰退。缓解社会贫富两极分化以及由其导致的社会分裂,政府毫无疑问应当承担首要的责任,但社会企业同样可以发挥积极的功效。

首先,社会企业通过提供资金扶持或技能培训的方式为就业市场上的弱势群体提供就业或获取收入的机会,社会企业在帮助他们摆脱物质贫困的同时,更重要的是让他们获得了融入社会的能力和信心,在增强社会弱势人群自尊心的同时,也改变了社会对他们的偏见和歧视,从而消除社会排斥并促进社会融合。[2]社会企业开展的以解决社会问题为目的的公益活动,既有利于增强社会企业员工的公益精神,也有利于培育整个社会的公民意识和公益精神,社会企业的强大精神感召力量会激励和引导更多的社会成员参与到公益活动中。社会企业对弱势群体及各类社会问题的关注,增强了社会成员相互之间的理解、信任、支持与对话,使社会企业既能充当社会与政府之间沟通和反映诉求的桥梁,又能组织不同社会群体的利益协调和对话,从而减少社会冲突,增强社会调适,维护社会秩序。[3]

其次,社会企业能够提升社会道德水平。如同企业家精神对于整个商业文化

---

[1] 董蕾红、李宝军:"社会企业的法律界定与监管——以社会企业参与养老产业为分析样本",载《华东理工大学学报(社会科学版)》2015年第3期。
[2] 舒博:"社会企业的崛起及在中国的发展",南开大学博士论文,107页。
[3] 高海虹:"发展社会企业:改善公共服务能力的有效途径",载《理论探讨》2011年第6期。

和商业环境的巨大影响一样,将企业家精神运用于社会领域的社会企业家精神同样能够推动社会风气和公民意识的改善和提升。正是在社会企业家精神的推动和作用下,社会企业获得了兴盛和在全球的发展,社会企业家精神本身就是一种重塑社会的创新思维,激励着人们利用创新性的思维和方式去解决长期困扰人类的社会痼疾,并推动社会变革。社会企业家作为社会精英和商业领袖,可以通过其巨大的名人效应和示范作用感召社会成员,从而提升社会成员的道德水平和社会责任感,在信仰空虚和道德滑坡的当今社会,社会企业家精神及其推动下的社会企业实践无疑是提升中国社会整体道德水平的重要力量。①

再次,社会企业的发展和服务于社会的实践能够增强社会公众之间的信任与合作,修复遭到破坏的公共信任并缓解社会排斥。社会企业强调参与、协作、授权和分享,使得所有社会成员都能参与社会改革和发展的进程,更为重要的是,社会企业能够改变麻木和冷漠的社会心态,而信任、热情和参与恰恰是民主制度有效实施的前提和基础。因此发展社会企业能够促进公民社会的发育和成熟,从而推动多元协同和社会民主的进步。正是由于这种融合经济与社会价值的独特功能,使得社会企业对于经济社会的和谐与可持续发展所具有的黏合和促进作用是普通营利性企业无法比拟的。正如英国一位负责政府采购的官员评论的:"向一位私人承包商支付1英镑,在幸运的情况下社会可以获得1英镑的服务。但如果将该1英镑支付给一家社会企业,社会能够获得1英镑的服务、10便士的社会包容和10便士的环境保护以及社区资源循环利用所进一步创造的价值。"②

---

① 魏来,涂一荣:"论社会企业的特征与本土价值",载《太原理工大学学报(社会科学版)》2014年10月第5期。
② 于晓静:"放大社会企业的价值与效应",载《前线》2011年第11期。

第二章　社会企业内涵与外延的理论澄清

清楚地定义一个概念是科学研究的前提条件。研究社会企业的首要问题是如何对这一新兴的概念进行准确的定义,从而廓清其内涵与外延。然而,虽然大量的研究者试图对社会企业进行概念界定,但对于社会企业的内涵、外延、边界与形式等核心问题,不同领域的学者给出的答案存在一定的差异。社会企业概念的混乱导致了研究的非严谨性和大量异质方法的出现,并成为跨学科对话和理论进步的障碍。[①] 对社会企业的理论界定呈现差异的原因一方面在于不同学科的研究者观察的视角不同,更重要的还在于不同国家的经济结构、社会制度和文化背景等宏观要素差异的影响和制约。[②] 因此,本章将分别从学科和地区两个视角对社会企业的内涵和外延进行考察,最后落脚为法学视角应如何对社会企业进行理论界定,并在此基础上探讨社会企业的特征和性质以及社会企业的范围,力图对社会企业的内涵与外延给出精确的描述。

第一节　社会企业的内涵

一、社会企业内涵的多面性

关于社会企业的概念,学术界的认识并没有太大的分歧,都认同社会企业是利用市场化的企业手段来解决社会问题,[③]或者说同时具备社会目标和利润目标的组织,但这些用来描述和界定社会企业的术语如"社会问题"和"社会目的"都

[①] 宋伟、徐胡昇、宋小燕:"社会创新的公共使命与社会企业的发展",载《公共管理与政策评论》2015年第4期。

[②] 胡亦武、石君煜:"社会企业概念及发展探析",载《贵州社会科学》2015年第9期。

[③] 时立荣、王安岩:"社会企业与社会治理创新",载《理论探讨》2016年第3期。

具有高度的概括性和无限的延展性。而由于社会企业所赖以产生和发展的经济、政治等宏观社会环境的差异,导致不同地区对社会企业内涵的理解存在一定的差异,比较明显的便是欧洲国家对社会企业的内涵界定和美国对社会企业的理论界定存在明显的差异,而理解并比较这种差异对于社会企业的研究至关重要,因为它可以帮助我们发现社会企业发展的多样性,并根据各自国家的经济和社会发展特点构建适合本国的社会企业制度。同时,不同学科的学者在对社会企业进行理论界定时具有不同的侧重点,作为兼具经济目标和社会目标的组织,经济学和社会学学者对社会企业的理论界定可以为本书对社会企业进行法学界定提供理论基础和视角的借鉴。

(一)地区视角下的社会企业内涵

无论从词源表述还是其代表的现实中的具体组织形态,社会企业都发源于欧洲尤其是西欧国家。在欧洲社会与法律传统中,"enterprise"泛指各种组织或事业,但尤指以营利为目的者,如公司、企业等。[①] 也就是说,营利是企业这一组织的内在基因,企业自产生之日起就承担着为其创办者谋取最大利润的重任。随着社会的进步,尤其是市场经济的高度发达和市民社会的逐渐发育,人们发现除了可以为创办者谋取利润以外,企业同样还可以被用来解决社会问题,于是产生了社会企业这一新的企业形式。社会企业的表述后来被美国学者引入,但由于美国独特的非营利和商业组织发展现实,美国学者对社会企业的理解与欧洲学者对社会企业的理解存在一定的差异。

1. 欧洲学者理解的社会企业

欧洲作为合作社的发源地所孕育的合作社传统成为社会企业产生和发展的深厚土壤,因此欧洲具有非常发达的社会企业实践,实践的发达推动了学术研究的进步和政府部门的广泛关注。不但欧洲学术界开展了针对社会企业的卓有成效的理论研究,欧洲委员会也在大力提倡欧盟成员发展社会企业。欧洲的社会企业建立在由合作社构成的合作经济(又被称为社会经济)的基础之上。合作经济反对市场经济的金钱至上主义,主张公民的参与和团结,追求社区或整个社会的公共利益,因此欧洲社会企业的活动领域和目的主要是缓解贫富差距和社会排斥等社会问题。[②]

[①] 薛波主编,潘汉典总审订:《元照英美法词典》,法律出版社2003年版,第467页。
[②] 郑南、庄家怡:"社会组织发展的新形态——台湾社会企业的发展与启示",载《学术研究》2015年第9期。

根据由欧洲知名高校的学者组成的研究组织 EMES 网络①的界定,社会企业指由公民或公民团体自发组织的,以造福社会为目标,且资本收益往往受到限制的组织。EMES 对社会企业的定义包含了两方面的判断标准:一是经济学的标准,社会企业的经济学标准表现为持续生产或销售商品或服务、决策或管理上的高度自治、经营中的自负风险;二是社会学标准,包括明确的服务社会的目标、民间团体发起的计划、决策权并不基于资本所有权以及有限的利润分配。社会企业不仅包括那些完全不受分配约束的企业,还包括类似合作社性质的组织,这些组织可能会进行有限的利润分配,但必须防止出现利润最大化行为。②

经济合作与发展组织③认为市场和政府对公共服务提供的不足是社会企业兴盛的原因,并将社会企业界定为利用企业战略达成特定的经济和社会目标,服务于公共利益(如解决社会排斥及失业问题),并且不以利润最大化为目标的私人组织。社会企业的本质特点是将作为市场主体的企业所拥有的商业技巧与作为社会主体的非营利组织所具有的社会使命进行了内在的融合,其主要表现形式包括合作社、储蓄互助会、工作整合企业、社区企业及慈善组织开办的商业活动等。④

上述两种对社会企业的理解虽然在表述上存在差异,但对社会企业本质的认识是相同的,都认为社会企业是通过企业的方式提供具有社会公共利益属性的产品或服务,并且都强调社会企业不得追求利润最大化,两个概念之间的区别在于经济与合作组织并没有关注企业的治理机制问题,而社会企业研究网络强调了社会企业治理过程中应吸收利益相关方参与。这两种对社会企业的界定为欧洲不同的国家所采用,如英国贸工部对社会企业的界定便是采纳了经济与合作发展组织的定义,将社会企业界定为拥有特定的社会目标,企业通过经营活动赚取的利润主要被用于实现其社会目标或投资于所在社区,而非为企业股东或创办人谋求最大投资收益的组织。这一定义强调了社会企业利润分配的受限制性。⑤ 而对

---

① EMES 是一家由欧洲知名大学研究中心及个体研究人员组成的科研网络,其目的是围绕"第三部门"的问题逐步建立一个包含理论和实证知识、多元化学科和方法的欧洲语料库。该组织成立于 2002 年,以第一项研究计划《欧洲社会企业的出现》(THE EMERGENCE OF SOCIAL ENTERPRISE IN EUROPE)命名。
② [比]马尔特·尼森主编:《社会企业的岔路选择:市场、公共政策与市民社会》,伍巧芳译,法律出版社 2014 年版,第 5~7 页。
③ 经济合作与发展组织(Organization for Economic Co-operation and Development),简称经合组织(OECD),是由 34 个市场经济国家组成的政府间国际经济组织。旨在共同应对全球化带来的经济、社会和政府治理等方面的挑战,并把握全球化带来的机遇。成立于 1961 年,目前成员国总数 34 个,总部设在巴黎。
④ 沙勇:《中国社会企业研究》,中央编译出版社 2013 年版,第 17 页。
⑤ 王世强:"'社会企业'概念解析",载《武汉科技大学学报(社会科学版)》2012 年第 5 期。

于企业的治理机制并没有特别的要求,英国的社区利益公司便是根据这一定义进行的制度设计。而意大利、法国等欧洲国家则强调社会企业多方参与的民主治理机制,因此其社会企业主要表现为社会合作社。正是因为强调社会企业直接采用商业手段服务社会和非营利性特征,所以欧洲社会企业的活动范围主要集中在如下两个方面:一是与救助失业及扶助落后地区相关联的领域;二是为社区提供服务的领域。①

2. 美国理解的社会企业

美国同时拥有世界上最发达的市场经济和慈善事业,因此社会企业在美国的发展具有得天独厚的优势。美国社会企业的发展呈现两种模式:一是慈善组织通过市场方式创造收入;二是传统的营利性公司通过商业创新来创造社会或环境价值,而不再是原来的只考虑企业的经济利润。

美国具有悠久的慈善事业发展历史,这得益于其广泛传播的基督教传统中的博爱和互助精神。美国慈善组织在历史上便注重通过自身的活动获取收入,而不仅仅是依赖于社会捐赠等外部资源,尤其是当基金会以及各项公共资金对慈善组织的捐赠减少时,慈善组织更是会积极寻找其他途径来给自己提供发展所需的资金,那就是采取更加商业化的手段增加财政收入。因此美国慈善部门理解的社会企业指的是慈善组织采取市场手段获取收入,以减轻对社会捐赠等外部资源的依赖,从而保证慈善组织发展的可持续性。美国没有专门的慈善法,其慈善组织和慈善事业的发展是通过联邦税法来规范的,根据美国《联邦税法》501(c)(3)款的规定,慈善组织包括的范围非常广泛,除了洛克菲勒基金、卡耐基基金等数量庞大的私人基金外,还包括范围更为广泛的公共慈善机构,如私立医院、私立高校(哈佛大学、耶鲁大学等美国著名高校都是私立大学)、图书馆、博物馆等,除了接受社会的捐赠外,这些公共慈善机构无一例外都采取市场的方式和手段获取收入以维持组织的存续和发展,如医院收取医疗费用、私立高校收取学费、图书馆门票收入等,这些收入由于与特定慈善机构的慈善目的密切相关,因此属于美国税务部门界定的"慈善组织业务相关收入",享受税收豁免优惠。除此之外,公共慈善机构还可以开展"非业务相关活动"以广开财源,如图书馆内开设餐厅或咖啡厅等,这部分收入由于与慈善机构的业务并非密切相关,因此不享受税收优惠。当然通过这些收入赚取的利润要受"非分配原则"的绝对约束,不能在机构的创办者中进行分配,而只能再投入机构的发展中。因此美国慈善部门认为美国的公共慈善机构属于天然的社会企业。

---

① 王名、朱晓红:"社会企业论纲",载《中国非营利评论》,社会科学文献出版社2014年版,第3页。

美国商业界理解的社会企业与慈善部门理解的社会企业在逻辑上却是相反的,商业界理解的社会企业是营利性企业同时兼顾经济收益和创造社会价值的自我改良运动。美国著名高校中的商学院如耶鲁大学商学院、斯坦福大学商学院等都设立了社会企业研究和促进中心,开设社会企业课程,以推动更多的商业界人士改变原来唯利是图的观念,而是在赚取经济利润的同时兼顾经营活动带来的社会或环境贡献。由于美国传统公司法要求公司董事或经理等高级管理人员应当以股东利润最大化为原则,如果他们在决策或经营过程中过多地考虑社会利益或将社会利益置于股东利益之上,或以牺牲企业利润为代价去实现某种社会目标,可能会因为违反了对股东的信义义务而遭到股东的起诉。美国公司法这一原则显然会阻碍企业对社会利益的追求,不利于社会企业的发展。为了给社会企业的发展创造有利的法律环境,自 2008 年以来,加利福尼亚州、纽约州、伊利诺伊州等相继在本州公司法的法律框架中,设立了"低利润有限责任公司""弹性目标公司""共益公司"和"社会目的公司"四种法律形式。这些公司法律形式的作用和意义在于改变了原来公司法中要求的公司董事等管理人员必须以股东利益最大化为原则的要求,使得公司董事在做出有利于社会公共利益的决策而影响到股东利益时不再担心受到股东基于违反信义义务而提起的诉讼,这样在营利性公司的框架下董事可以同时兼顾公司的经济目标和社会目标。这些公司法律形式被美国商业界视为社会企业,但与慈善组织实务界所理解的社会企业存在本质的区别,因为这些公司形式不属于非营利组织,在利润分配上不受任何限制,但又融合了非营利组织的社会目标,因此美国商业界理解的这些社会企业形式在某些方面比慈善部门的社会企业更有优势,这种优势主要体现在两方面:一是在融资方面,它们既可以从传统的资本市场获得投资,也可以从慈善市场尤其是私人基金获得投资;二是在市场竞争方面,这些社会企业形式具有普通营利性企业所不具备的道德优势,有利于提升企业的品牌价值和促进市场营销。[1]

美国商业界精英创办社会企业的最新案例便是 Facebook 创始人马克·扎克伯格将其持有的 Facebook 公司 99% 的股份捐赠用于注册成立一家有限责任公司,该公司的业务范围和目的便是进行社会公共事业如医疗、教育和科技领域的投资,公司在运作中既通过间接的慈善捐赠方式来实现社会目的,也通过直接投资社会公益领域实现社会目标,通过这种慈善捐赠和直接投资相结合的方式,扎克伯格将其财富用于服务社会公益,最为重要的是采取有限责任公司形式来服务于社会目的可以使公司股东或创始人对公司拥有更大的控制权,从而充分发挥扎

---

[1] 王世强:"美国社会企业法律形式的设立与启示",载《太原理工大学学报(社会科学版)》2013年第 1 期。

克伯格作为杰出企业家在变革社会中的优势,在项目的运作过程中也不需要遵循慈善组织完全透明的要求。马克·扎克伯格的这一项目便是采用了社会企业的运作模式,即他们以有限公司的形式从事非营利活动和社会影响力投资,把在商业中的成功方式带到社会问题的解决中。①

正是因为美国商业界和慈善部门理解的社会企业存在差异,美国学术界是从更宽泛的意义上解释社会企业,认为美国的社会企业是由各种营利性公司和非营利组织所构成的一个连续统一体,既包括具备社会承诺的营利性公司,又包含采用企业手段来支持社会使命的非营利组织。② 概言之,社会企业在美国通常被认为是一个关注社会和经济双重底线的非营利或营利组织。③

3. 欧洲和美国对社会企业界定的比较

通过对比欧洲国家和美国对社会企业的界定可以看到两者之间存在一定的差异:首先,关于社会企业的活动领域和追求的社会目的,欧洲社会企业的业务范围和服务的社会领域比较明确,一般集中于为弱势群体和社区提供服务,而美国的社会企业活动范围和服务的社会目标则几乎不受任何限制,美国认为社会企业可以凭借强大的商业创新精神带来社会各个领域的进步;其次,欧洲的社会企业强调组织的非营利性,而美国慈善组织创办的社会企业是典型的非营利组织,商业界创办的社会企业除低利润有限责任公司外,另外三种社会企业形式共益公司、社会目的公司和弹性目标公司在利润分配上都不受限制。社会企业之所以呈现出欧洲和美国之间的这种地区差异,是由于社会企业作为兼具经济目标和社会目标的组织,本身在内涵和外延上就具有无限的延展性,不同国家和地区完全可以根据本国的现实和需要来对社会企业的社会目的进行限定,从而选择恰当的社会企业形式。

(二)学科视角下的社会企业内涵

社会企业作为一种新型的组织形式,经济学、政治学和社会学等学科的学者都对之展开了广泛的研究,但由于视角的不同,不同学科的研究者对社会企业内涵的理解并不完全一致。

1. 社会企业的经济学界定

社会企业的概念起源于法国经济学家蒂埃里·让泰提出的社会经济概念,社

---

① 时立荣、王安岩:"社会企业与社会治理创新",载《理论探讨》2016 年第 3 期。
② Young, D. Social Enterprise in Community and Economic Development in the USA: Theory, Corporate form and Purpose. International Journal of Entrepreneurship and Innovation Management, 2006(3): pp. 241-255.
③ 徐君:"社会企业组织形式的多元化安排:美国的实践及启示",载《中国行政管理》2012 年第 10 期。

会经济的实质是在考虑经济性组织的产出和效益时，不仅仅以工资、盈利等单纯的经济指标来衡量，还要考察组织的社会效益，即把经济效益和社会效益结合在一起进行衡量。受社会经济理论的影响，经济合作与发展组织于 1994 年首次提出了社会企业这一术语，并于 1999 年在一份名为"Social Enterprise"的报告中将社会企业界定为依据企业战略服务公共利益的私人活动，其主要目的并非追求利润最大化，而是实现经济与社会的双重目标，并且有能力通过创新方式解决社会弱势群体问题和失业问题。在这之后，许多经济学家对社会企业的界定展开了讨论，美国经济学家 Dennis R. Young 将社会企业界定为通过企业的方案和商业活动来促进社会进步或对公共财政有所贡献为目标的组织。按照这种界定，社会企业既包括通过商业手段赚取收入的非营利组织，还包括同时追求商业目标和社会目标的营利性商业组织。[1] 因此，经济学界理解的社会企业概念呈开放性，只要企业或组织在创造经济收益的同时兼顾社会目的的实现，即可称为社会企业，至于社会企业的社会目的是否应有特定的范围，社会企业的治理结构是否应体现民主治理的理念，社会企业的利润分配是否应当受到限制则不属于经济学学者界定社会企业的考虑因素。

2. 社会企业的社会学界定

社会学学者则更倾向于从传统的非营利组织创新的视角来解释和界定社会企业，如 Defourny 将社会企业界定为兼具经济特性和社会特性的组织，社会企业的经济特性表现为直接生产产品或提供服务并承担经营过程中的经济风险、具有一定数量的带薪雇员等；社会特性表现为其具有明确的社会服务目标，企业治理过程中不遵循资本决原则，而是采取民主的治理机构，注重利益相关者的参与，利润分配上受到限制，只进行有限的利润分配。[2] 王名和朱晓红认为社会企业属于介于纯公益性非营利组织和纯营利企业之间的中间形态，是社会公益与市场有机结合的产物。[3] 潘小娟同样认为社会企业是私人或私人团体基于社会责任感驱动而非单纯受利润驱动的，通过市场手段来实现既定的社会或环境目标而创立的组织，是一种介于纯营利性组织和传统非营利组织之间的组织形态。[4] 时立荣将社会企业界定为兼具企业战略和社会目的的性质双构性组织，社会企业通过提供

---

[1] Young, Dennis R. Organizational Identity in Nonprofit Organizations: Strategic and Structural Implications[J]. NonprofitManagement & Leadership, 2003, 12(2): 139 – 157

[2] Jacques Defourny"Introduction: From Third Sector to Social Enterprise,"in Carol Borzaga & Jacques Defourny(eds.), The Emergence of Social Enterprise, London & New York: Routledge, 2001, pp. 1 – 28.

[3] 王名、朱晓红："社会企业论纲"，载《中国非营利评论》，社会科学文献出版社 2014 年出版，第 10 页。

[4] 潘小娟："社会企业初探"，载《中国行政管理》2011 年第 7 期。

具有经济和公益双重功能的产品或服务,来实现特定的社会价值。① 胡馨认为社会企业是非营利组织在社会使命的驱使下,利用商业手段的创新性和高效性,使公益事业的发展更具竞争力和可持续性。② 胡亦武,石君煜将社会企业界定为通过商业运作模式实现社会目标的新型社会组织,其创办者以解决社会问题作为个人价值和企业目的,并致力于推动社会的变革。③ 杨家宁则直接将社会企业界定为非营利组织的一种特殊形式,是非营利组织通过企业行为来解决经费问题以及提高自身的运营效率的创新。④

与经济学学者对社会企业的界定不同,社会学学者几乎都强调社会企业的非营利性特征,即社会企业的利润分配应当受到限制,而且社会学学者还强调社会企业应服务于特定的社会目标,或者说社会企业的活动领域一般与公益事业密切相关。

3. 社会企业的法学界定

上述对社会企业的经济学界定和社会学界定由于研究和观察视角的不同,导致对社会企业的界定存在明显的差异。虽然不同学科概念的比较很难存在质量优劣之分,但同一事物在不同学科之间的界定存在过大的差异必然会导致学科之间无法形成有效的学术对话和交流,更会对社会实践的发展造成严重的混乱。而法律概念则由于其特有的规范性和明确性,能够弥合不同学科之间对于同一事物概念界定的差异。法律概念与经济学概念和社会学概念的不同之处在于:法律概念的主要目的在于明确法律的调整对象,保证法律适用的确定性,法律概念不应当承担揭示事物本质、发现客观真理的职责。判断一个法律概念质量优劣最为重要的一个因素便是"可规范性"标准,只有符合该标准的法律概念才能更好地去承载立法者的价值判断,并对存在界定分歧的事物进行更明确的规范。⑤ 因此同经济学对社会企业界定的开放性与社会学对社会企业界定的理想性相比,法学学者则更关注社会企业界定的规范性和可识别性。

无论是经济学学者还是社会学学者都认同社会企业兼具企业经济性和非营利组织社会公益性的特征,是一种融合经济与社会两项指标的混合组织,但这一界定远远无法满足法律概念对明确性和可规范性的要求。虽然社会企业的经济指标可以有量化的标准,但其社会指标或社会目的则是非常宽泛的表述,必须通过进一步的指引才能保证社会企业法律概念的明确性和可规范性。因此,对社会

---

① 时立荣:"社会企业:实践中一路走来".载《中国社会报》2006年8月7日。
② 胡馨:"什么是Social Entrepreneurship(公益创业)",载《经济社会体制比较》2006年第2期。
③ 胡亦武、石君煜:"社会企业概念及发展探析",载《贵州社会科学》2015年第9期。
④ 杨家宁:"社会企业研究述评——基于概念的分类",载《广东行政学院学报》2009年第3期。
⑤ 税兵:《非营利法人解释——民事主体理论的视角》,法律出版社2010年版,第26页。

企业概念的法学界定重点在于对社会企业的社会目的进行规范和限定。为了确保社会企业的公益性,不宜对社会企业的社会目的进行宽泛的规定,而应限定在社会公益事业领域,如为社会提供教育、文化、医疗服务以及为弱势群体提供就业和生活服务等方面。除了对社会企业追求的社会目的的范围进行限定外,法律同样还需要对社会企业的利润分配进行一定的限制,这样可以防止社会企业为了追求利润最大化而偏离其社会目标。

因此,为了概念的明确性和可规范性,应从社会企业追求的社会目标、收入来源和利润分配三个方面来对社会企业进行法律界定:在企业目标上,社会企业除了追求经济利润外,还必须追求特定的社会目标,如为社会弱势群体提供工作培训或工作岗位,为失能老年人提供生活照护等;在收入来源上,社会企业的主要收入应来自于商品或服务的销售,而不是政府拨款或社会捐助;在利润分配上,除为就业困难群体提供工作岗位的特定类型的社会企业外,原则上社会企业的利润分配应当受到限制,以确保社会企业能将企业盈利用于社会目的和扩大再生产。在这三项标准中,企业的社会目标和利润分配限制体现了社会企业的社会性,这样可以将社会企业与普通营利性企业区分开来;收入来源标准体现了社会企业的企业性,通过这一标准将社会企业与慈善组织区分开来。综上,可以从法学视角将社会企业界定为,采取市场手段赚取收入的同时服务于特定的社会目的,且利润分配一般受到限制的组织。

二、社会企业的特征

尽管在理论上不同学科的学者对社会企业的界定模式不同,实践中的社会企业在不同的国家和地区也具有不同的名称和表现形式,但透过纷繁复杂的表象,我们仍然可以概括出社会企业所具有的一些共同的法律特征。社会企业的典型特征可以概括为经济性和社会性的高度融合。一方面,社会企业主要按照市场的规则运行,承担市场风险,从而具有经济性;另一方面,社会企业具有明确的社会使命,其通过运营活动赚取的收益用于实现特定的社会目标,如促进社区的发展、为弱势群体提供技能培训或工作机会或者投资于社会企业本身,而不是将受益全部用于分配,因此具有明显的社会公益性。社会企业无论从企业目标、价值创造还是利润分配角度都体现出非营利组织和纯营利性商业企业的融合特性。社会企业运用商业手段和方法实现社会目标,在达成使命的过程中融入商业战略。[①] 正是这些共同的特征将社会企业与其他类似组织区别开来,使社会企业称为一种独立的或新型的企业组织而成为不同学科的研究对象。

---

① 沙勇:《中国社会企业研究》,中央编译出版社2013年版,第16页。

（一）创办主体的私人性

社会企业的创办主体是自然人、慈善组织或者公司等私法主体，这区别于同样提供社会公共产品的公用企业（如公交公司或自来水公司等），在绝大多数国家，公用企业都是由政府出资创建的，尽管近几年在公用事业领域出现了公私合作及公私合营等模式，但政府在公私合作及公私合营中仍然占有绝对的主导权。而社会企业是私法主体利用自有资产创办的以服务社会公益为目的的企业组织，而非政府出资创办，虽然政府可能对社会企业提供某种程度的补贴，但社会企业并不直接或间接地由政府控制或管理，而是按照自治的原则和框架进行运营。

（二）追求目标的社会公益性

社会企业的创办人创建社会企业是受社会责任感而非利润驱动的，目的是实现既定的社会、环境和可持续发展目标，[①]这也是社会企业与营利性企业的本质区别，营利性企业的创办者是为了实现自身利润的最大化，尽管在企业的运营过程中会产生为社会提供就业岗位，为政府提供税收来源等社会效益，但这仅仅是营利性企业实现其创办者利润最大化的副产品，而不是主要目的，而社会企业的创办者尽管也会考虑企业利润等经济因素，但其更关注的是企业的社会目标，企业利润在很大程度上是为实现社会企业的社会目的服务的。

社会企业追求目标的社会公益性主要体现在三个方面，一是社会企业的业务范围一般都与社会公共事业密切相关，如教育、文化和卫生事业，尤其在残障人士就业、老年人与儿童照护以及低技能劳动者的劳动技能培训等领域发挥了重要功能；二是社会企业利润分配的限制，社会企业经营活动取得的利润除了少部分可以用于在创办者或股东中进行分配外，其余的绝大部分利润不可以用于分配，而是重新投入社会企业的经营中或用于社会公益事业，有的国家甚至完全禁止社会企业分配利润，此即"禁止或限制分配原则"；三是社会企业的资产锁定原则，为保证社会企业的社会公益性，防止其创办者或管理人员擅自处分社会企业资产，很多国家规定社会企业终止时其资产不能由投资者或创办者收回，而只能转交给具有相似社会目的的社会企业或慈善组织。应该说，"禁止或限制分配原则"和"资产锁定原则"是确保社会企业社会性的两道屏障，也是社会企业区别于营利性企业的最具可识别性的因素。

（三）运作模式的商业性

在运作模式和治理结构上，社会企业和传统的营利性企业没有本质区别，直接面向市场参与商品生产或提供服务，社会企业维持自身生存和实现既定的社会

---

① 潘小娟："社会企业初探"，载《中国行政管理》2011年第7期。

目标是通过经营行为实现的,这区别于以外部捐赠为主要资金来源的慈善组织或其他非营利组织。慈善组织以及其他非营利组织虽然也会从事经营行为,但这种经营行为并不具有常态性,因而不构成其组织活动的主要内容,而社会企业则完全按照商业模式运行,其业务存续和发展所需经费也主要依赖商业经营活动而取得。

(四)利润分配和资产处置的受限制性

社会企业的活动范围或业务领域主要在为社会提供教育、卫生、体育、环境保护等具有公共产品性质的服务。经济学研究表明,在社会公共产品和服务的提供方面会发生市场失灵,政府作为社会公共利益的维护者便责无旁贷地承担起以普通公众负担得起的价格提供社会公共产品的职责,但政府由于资源和能力所限,不可能独自完成提供所有社会公共产品的责任,因此允许并鼓励非营利组织来参与市场的提供。之所以鼓励非营利组织而非营利性组织参与公共产品的提供,在于非营利组织没有营利性组织具有的利润最大化的欲望和冲动,因此能够以相对低廉的价格提供优质的社会公共产品。同时,因为非营利组织通过提供社会公共产品帮助政府承担了部分公共职能,政府会对非营利组织提供税收优惠等各种补贴措施,社会公众也愿意对非营利组织进行捐赠,为了防止非营利组织的创办人滥用这些优惠措施,法律对非营利组织的利润分配和资产处置进行了限制。社会企业内涵的非营利组织基因和公益性要求其利润分配和资产处置同样要受到相应的限制,否则,社会企业完全可能因为追求经济利润而偏离其公益性。

三、社会企业的性质:营利组织还是非营利组织?

社会企业作为由私人创办的采取商业手段追求社会目的的组织,具有双重目标——经济目标和社会目标,一般认为社会企业的社会目标要优于其经济目标,或者说社会企业通过商业运作获取的收入是为其社会目标服务的,这是否意味着社会企业的商业活动收入仅具有工具性价值,而不具有独立的目标性价值?即社会企业的利润能够在企业股东或创办者之间进行分配?这一问题涉及社会企业的本质问题:社会企业是营利组织还是非营利组织?对这一问题的不同回答决定了社会企业的不同价值定位与不同的法律规制。

(一)什么是非营利组织?

非营利组织是指由私人发起并独立于政府、具有公共服务宗旨或促进社会福利发展,不分配盈余,享受税收优惠的组织。[①] 非营利组织在欧美国家具有悠久

---

① 蔡磊:《非营利组织基本法律制度研究》,厦门大学出版社2005年版,第5页。

的历史,典型的非营利组织是慈善组织,早在1601年英国便颁布了《慈善用益法》来规范慈善组织的活动。非营利组织作为市民社会的主体构成部分,通过慈善救助、发展教育和医疗事业等形式提供政府和企业不能或不愿提供的公共服务,因此非营利组织能够弥补政府和市场的不足,满足公众对公共物品的多元性需求。非营利组织在欧美国家发挥了重要的作用,美国更是以其"小政府,大社会"的国家与社会结构而著称于世,其中社会的构成主体便是非营利组织。

经济学理论认为,因为公共产品的提供领域容易发生"搭便车"现象,因此市场主体出于成本与收益的考虑不愿意提供公共产品,从而出现公共产品领域的"市场失灵"。但公共产品必须有人来提供,于是政府干预便成为必要的选择,但政府由于资源和能力的限制,无法独立承担向社会提供公共产品的责任,形成公共产品提供的"政府失灵"现象。以环境保护为例,为公众提供清洁的环境是政府的职责之一,但没有任何一个国家可以只靠政府的力量来保护生态环境,环境保护组织便应运而生,在很多国家包括在国际环境保护领域,作为非营利组织的环境保护组织对于唤醒人们的环境保护意识,制订环境保护规则方面作出的贡献甚至远远超出政府。实际上,任何一个国家的政府都没有能力单凭自身的力量向公众提供充足的公共产品,因为公众对公共产品的需求是多元的,而政府提供公共物品的方式只能按照多数人的偏好来进行,而非营利组织具有的民间性和灵活多样性,使得其可以根据公众的不同需求提供更有针对性的公共产品,从而满足政府和市场都满足不了的社会偏好。于是,在"市场失灵"和"政府失灵"的公共产品服务领域,以"志愿求公益"的非营利组织便承担了补缺的角色。

在市民社会发育不成熟的国家,由于非营利组织的理论研究和实践发展相对落后,因此社会公众、政府部门甚至很多专家学者对于非营利组织存在诸多的误解,其中最主要的误解便是认为非营利组织不能从事经营活动或收费行为。实际上,非营利组织与营利组织的本质区别并不是能不能进行经营活动或赚取利润,而在于是否可以将赚取的利润进行分配。也就是说非营利组织和营利组织的区别不在于赚取利润的过程,而在于赚取的利润的最终去向。非营利组织的本质和核心就在于这种"分配限制"。非营利组织的"非营利性"包括三个因素:不得以营利为目的,而是服务于特定的社会目的;组织活动获得的利润不能进行分配;遵循资产锁定原则,即组织的资产属于社会公共财产,在非营利组织终止或解散时,其清算后的剩余资产只能转交给具有相似社会目的的非营利组织或由政府接收,而不得分配给组织成员或创办者。如果说该三条标准中,组织宗旨为主观标准的话,分红限制和资产锁定便是判断非营利组织的客观标准,也是最具有实践操作性的因素。因此,非营利性是针对其存在目的而言的,而不是针对其存在过程中的行为。①

(二)社会企业是营利性组织还是非营利组织的观点之争

按照传统观点,企业是为股东谋取最大利润的,因此企业是营利性组织,即便是公用企业以及社会主义国家的国有企业都是营利性组织,企业赚取的利润可以向创办人进行分配;而融合了社会目标的社会企业能否向股东分配利润,这一问题涉及社会企业的价值定位并决定着实践中社会企业的具体制度构建。学界对该问题的回答形成了三种观点:一是社会企业不可以分配利润;二是社会企业可以分配利润,但利润的分配应受到限制;三是社会企业可以不受限制地进行利润分配。

1. 社会企业不可以进行利润分配

将社会企业视为非营利组织创新的学者认为社会企业的经济目的仅仅是实现社会目标的手段,因此主张社会企业不可以分配利润。如马仲良、于晓静认为,社会企业以实现社会目的为存在价值,社会企业不得把利润分配给投资者,也不可以在组织内部进行分配,利润主要用于组织的发展。②

2. 社会企业可以进行有限的利润分配

大部分学者主张社会企业可以进行利润分配,但利润分配应当受到限制。Defourny指出,社会企业可以进行利润分配,这样可以充分发挥企业的活力,但同时其利润分配必须受到限制以避免其利润行为的最大化。社会企业利润分配的受限性体现了社会企业与非营利组织的相似性。但传统的非营利组织被完全禁止进行利润分配,因此社会企业与传统的非营利组织又具有一定的区别。社会企业不仅包括完全受非分配性约束的非营利组织,还包括合作社等组织,这类组织可以在有限程度上分配利润,从而避免利润最大化的行为。③ 欧洲社会企业研究网络(European Research Network on Social Enterprise,简称 EMES)提出的社会企业定义的九个维度中便包括利润分配的有限性这一标准。④ 潘小娟认为社会企业利润的绝大部分应用于社会公益或自身发展,只有很小一部分可以在股东之间进行分配。⑤ 高传胜认为社会企业的利润不能进行分配或进行有限的分配。⑥ 王

---

① 吕来明、刘娜:"非营利组织经营活动的法律调整",载《环球法律评论》2005年第6期。
② 马仲良、于晓静:"发展'社会经济'构建和谐社会",载《新视野》2006年第5期。
③ Jacques Defourny "Introduction: From Third Sector to Social Enterprise," in Carol Borzaga & Jacques Defourny(eds.), The Emergence of Social Enterprise, London & New York: Routledge, 2001, pp. 1 - 28.
④ 余晓敏、张强、赖佐夫:"国际比较视野下的中国社会企业",载《经济社会体制比较》2011年第1期。
⑤ 潘小娟:"社会企业初探",载《中国行政管理》2011年第7期。
⑥ 高传胜:"社会企业的包容性治理功用及其发挥条件探讨",载《中国行政管理》2015年第3期。

世强也主张,社会企业可以进行一定的利润分配以吸引更多的社会资本投资于社会服务领域,从而实现社会企业的可持续发展。① 刘小霞主张虽然社会企业通过商业运营产生的收入是为了履行社会使命而非追求利润,但其可以对利润进行有限的分配。②

有些学者虽然没有对社会企业能否进行利润分配做出明确的论断,但从他们对社会企业的描述中,仍然可以读出社会企业利润分配应受限制的意蕴。如时立荣教授认为社会企业是位于营利组织和非营利组织之间的组织,它既处于企业的外围边缘又处于纯粹公益组织的外围边缘,同时与两种组织相链接。这种跨组织的链接性消解着企业和纯粹公益组织二者之间的绝对屏蔽。③ 贺一认为,社会企业是非营利组织与商业企业之间的连续体,它既有商业企业的营利性也有非营利组织的公益性。社会企业不论是从企业目标还是营利分配上,都体现了它的非营利性和社会性,而通过商业模式获取收入只是社会企业的运作方式。因此在营利性与非营利性的界定上,社会企业应处于两个属性之间并且更倾向于非营利性一方。④

3. 社会企业的利润分配不受限制

美国经济学界理解的社会企业在利润分配上不受任何限制,如美国杜克大学社会创业促进研究中心创始人狄兹(J. Gregory Dees)教授认为社会企业并非只为经济目标而存在,而是一种多元目标的综合体,他从组织动机和企业目标、运营方式和利益相关者的视角进行分析,得出社会企业是处于非营利的纯慈善组织与纯营利企业之间的一种连续体的结论,⑤但并不认为社会企业的利润分配应当受到限制。这是美国经济学界以及商业领域主流的观点,因此美国加利福尼亚州、伊利诺伊州等存在的共益公司、社会目的公司以及弹性目标公司在利润分配上都不受限制。

(三)本书的观点

社会企业是采取商业手段实现社会目的的企业,因此社会企业被认为具有"社会性"和"经济性"双重基因,或双重价值底线。因此,社会企业既非纯粹的营利性组织,也不是纯粹的非营利组织,而是营利组织和非营利组织的结合体。社会企业改变了传统上营利组织和非营利组织泾渭分明的区别,是营利组织的运作

---

① 王世强:"社会企业的官方定义及其认定标准",载《社团管理研究》2012年第6期。
② 刘小霞:"社会企业:合法性困境及出路",载《学习与实践》2012年第10期。
③ 时立荣:"转型与整合:社会企业的性质、构成与发展",载《人文杂志》2007年第4期。
④ 贺一:"社会企业概念浅析",载《赤峰学院学报(汉文哲学社会科学版)》2013年第6期。
⑤ J. Gregory Dees, Why Social Entrepreneurship is Important to You, From Enterprising Nonprofits: A Tool Kit for Social Entrepreneurs, John Wiley and Sons, 2001.

模式运用于非营利组织的社会公益目的中,实现了两者的有机融合。社会企业可以采取纯粹的非营利组织模式,即不分配利润,但主张所有的社会企业都不得分配利润的观点并不符合社会企业的理论逻辑与实践需求。

在理论上,社会企业既追求企业的经济利润,又追求社会公益目的,实现了社会公益与市场的有机结合和创新。因此是一种兼具非营利组织和营利性企业双重属性、双重特征的社会组织。[①] 因此,社会企业的组织属性决定了其既要受非营利组织禁止分配原则的限制,同时也应尊重营利性企业为股东追求利润的需求,这两种属性和要求的结合体现在社会企业能否分配利润的选择上便是社会企业可以进行利润分配,但这种利润分配应受到限制。

从社会现实和人的本性需求考虑,禁止社会企业分配利润是建立在将社会企业的创办人视为毫无自身利益考虑的"道德人"假设之上,而在人类社会发展的现阶段,除了实行高福利政策的北欧国家如瑞典、瑞士、荷兰等,绝大多数国家的社会成员都需要为自己的生存和发展承担主要的责任,社会企业的创办者如同其他社会成员一样有自身的经济需求,因此对社会企业的创办者而言,社会企业的经济性目标既具有手段性价值,同时还具有目的性价值,社会企业的创办人或股东创办和运营社会企业既有社会公益的目的,还有满足自身经济收益的需求。要求社会企业采取纯粹的非营利组织模式禁止其向股东或创办者分配利润,无视社会成员自身的经济需求,在现实中仅仅是一种无法实现的"乌托邦"式的美好愿望。

在社会企业的性质定位上,社会企业是一种兼具营利性组织和非营利组织双重属性的组织类型,因此在其价值选择和制度构建上应当同时兼顾其营利性和非营利性的属性和特征,既允许社会企业进行利润分配,又要对其利润分配进行合理的限制,即社会企业可以进行有限的利润分配,这是对社会企业合乎理论逻辑和社会现实的定位。只有建立在这一价值定位基础上的社会企业制度构建才能促进社会企业的发展,无视社会企业创办者的经济需求而禁止其分配利润的观点只能扼杀社会企业的发展。英国的社区利益公司(community interest company)便合理地协调了企业股东或创办者的经济需求与社会企业社会目的之间的关系,是体现社会企业有限利润分配原则的典型,正是这种合理的制度设计使得社区利益公司在英国获得了健康发展,并对英国的经济繁荣和社会公平与稳定发展发挥了重要作用。

社会企业原则上应当受利润分配的限制,但考虑到社会企业的多样性,应当允许特定类型的社会企业存在例外。如对于直接为残疾人等就业困难群体提供

[①] 王名、朱晓红:"社会企业论纲",载《中国非营利评论》2010 年第 2 期。

工作岗位的社会企业,一方面由于其本身的盈利能力较低,另一方面由于其帮助政府承担了保障残疾人等弱势群体的生存职责,因此这种类型的社会企业不但在利润分配上不受限制,而且会享受政府更优惠的支持和补贴。

第二节 社会企业的外延

一、社会企业的边界厘定

社会企业采用商业手段实现社会目的,同时追求社会目标和商业目标,被视为非营利组织与营利性商业企业的结合体,因此合理区分社会企业与营利性商业企业以及社会企业与非营利组织对于正确认识社会企业具有重要意义,而社会企业与企业社会责任由于在术语表达上具有的近似性很容易引起混淆,因此有必要分析两者之间的区别。

(一)社会企业与传统营利性企业

社会企业作为营利性组织与非营利组织的结合或中间地带,在组织形式与运作模式上,与营利性企业具有高度的相似性,两者最主要的区别在于追求目的的不同,营利性企业追求利润的最大化,是投资者谋取私人利益的工具,社会利益并非其考虑的目标,而社会企业除了追求利润和商业利益外,同时还追求社会利益,正如美国杜克大学 Dees 教授指出的,社会企业的创办人改变了传统营利性企业创办者将个人利润作为唯一目标的做法,社会企业家的目标不仅仅包括获取经济利润,同时还将满足社会需求和解决社会问题作为企业目标。[1]

除了追求目的的不同之外,社会企业与营利性企业的区别还体现在两者的活动领域或经营范围不同,营利性企业的活动范围一般为纯私人物品领域,而社会企业的业务领域则主要与社会公共产品或服务密切相关,如教育、医疗、养老服务以及环境保护等领域。

社会企业与传统营利性企业的第三点区别体现在对于利润分配和资产处置的不同限制上。普通营利性企业的创办者或股东享有不受限制的利润分配和剩余索取权,可以自由决定企业利润的分配方案,在企业解散或终止时,清算完之后的剩余财产归企业创办者或股东;而社会企业的股东对于企业利润的分配是受到限制的,有的国家甚至直接禁止社会企业向其股东分配利润,社会企业的股东或

---

[1] Austin,J. Stevenson,H. & WeiSkillern,J. Social and commercial entrepreneurship:Same,different or both [J]. Entrepreneurship Theory and Practice,2006. 30(1)1-22.

创办者对企业的剩余索取权同样受到限制,有的国家规定社会企业终止时的剩余财产不归属于股东或创办者,而应转交给与其具有相似社会目的的社会企业或慈善组织所有,有的国家则规定股东或创办者只能收回特定比例的剩余财产,社会企业其他的剩余财产转交给其他社会企业或直接归政府所有。

(二)社会企业与公用企业

公用企业是指具有自然垄断性,通过网络或基础设施为社会公众提供准公共产品与服务,兼具营利性与公益性,并由政府实施特殊管制的企业。[1] 公用企业一般由政府出资设立,其经营领域主要为公共交通、供电、供气、供暖和供水等资源性产品或服务以及邮政、电信等企业。同属企业的组织形态,社会企业与公用企业的相似之处在于两者都具有社会公益性,社会企业也在某种程度和范围内提供社会公共产品或服务。两者的区别主要表现为创办主体和经营领域的不同:公用企业一般由政府出资创办,虽然在近几年出现了所谓的公用事业民营化的潮流,但民营企业要取得公用事业的经营权仍然要取得政府的授权或许可,因此政府对公用企业及公用事业具有特殊的管制,或者说公用企业具有天然的垄断性,而社会企业则是私人主体创办的,其创办过程并不需要政府的特别授权或许可;在经营领域上,公用企业供应的是社会公众的基本生产生活必需品,即具有自然垄断性并受到政府特殊管制的公用事业领域。而社会企业的活动范围虽然主要集中于教育、文化、卫生、体育等公共事业领域,但其经营领域却并不受到限制,可以说社会企业的活动范围涉及经济与社会生活的所有领域;在社会公益性的体现上,公用企业的公益性直接表现为其经营的领域与社会公共利益密切相关,而社会企业的公益性则是通过企业目标而非企业的活动领域间接体现。

(三)社会企业与慈善组织

慈善组织是依法设立并以慈善活动为唯一目的的非营利性社会组织。[2] 社会企业同样以社会公益目的为存在宗旨,而且社会企业可以创办慈善组织,慈善组织同样可以设立社会企业,如美国的卡尔福特基金会于1988年成立于马里兰州,是美国国内税法501(c)(3)规定的慈善组织,其目标是"用投资方式来帮助解决贫困问题",卡尔福特基金会专注于社会企业投资,投资领域包括发展保障性住房、创造就业机会和保护环境等。[3] 因此社会企业与慈善组织具有很大的共似性,但两者之间仍然存在本质的区别。

---

[1] 郑艳馨:"论公用企业的界定",载《社会科学家》2011年第10期。
[2] 董蕾红、李宝军:"论慈善组织的政府监管",载《山东大学学报(哲学社会科学版)》2015年第5期。
[3] 苗青:《社会企业:链接商业与公益》,浙江大学出版社2015年版,第13页。

第一，在组织的活动范围上，尽管随着现代慈善事业的发展，慈善活动的范围已经远远超出了传统的扶危济困、发展教育和促进宗教传播等领域，扩展到环境保护、促进人权保护和民族和解等广阔的领域，[1]但慈善组织的活动范围仍然局限于社会公益领域，而社会企业的活动范围却远远超出了社会公益领域，几乎扩展到经济与社会的所有领域，例如尤努斯创办的格莱珉银行是从事金融业务的，而银行金融业务一般被视为典型的市场与商业领域，因此社会企业的活动范围要比慈善组织的活动范围更为广泛。第二，在组织的运作方式上，社会企业通过市场化手段直接运作以回应那些政府和市场无法满足的社会需求，实现经济和社会效益；而慈善组织则更强调志愿性和非市场化道德手段，靠个人和社会组织对慈善目标的认同并给予捐赠去实现社会公益目标。[2] 第三，对于利润分配的限制，社会企业可以进行有限的利润分配，但慈善组织作为典型的非营利组织要受到"禁止分配原则"的严格限制，因此不可以分配利润。第四，在追求目标上，慈善组织以慈善目的为唯一追求目标和活动宗旨，而社会企业具有经济性和社会性双重追求目标，因此除了追求社会目的外，还要追求企业的盈利和创办者及股东的投资收益；第四，两者享受的政府优惠与扶持不同，慈善组织在绝大多数国家都享有程度广泛的税收优惠，在英国和美国甚至直接被称为免税组织，而社会企业则较少享有税收优惠，英国的社会企业——社区利益公司除了在政府采购中能得到优先考虑外，不享有任何的税收优惠政策。

（四）社会企业与企业社会责任

社会企业与企业社会责任无论在表述还是内涵上都具有极大的近似性和相关性。企业社会责任在20世纪50年代得到英美等西方国家的广泛关注，企业社会责任的概念界定在不同的学科中并不统一，法学界将其界定为企业在谋求股东利润最大化之外所负有的维护和增进社会利益的义务。[3] 但这种义务尚未上升为严格法律意义上的义务，而是一种道德或伦理义务。企业社会责任的出现是人们对传统企业为了谋求股东利益最大化而置社会与公众利益于不顾甚至大肆破坏自然与生态环境这一弊端的反思与修正。西方工业化发展所造成的环境污染便是企业过度追求股东利润最大化导致的恶果。企业社会责任理念的出现要求企业在追求股东利益的同时还要考虑其对社会、消费者、环境和社区等利益相关者带来的影响。以企业对社区的责任为例，因为企业是社会的组成部分，更是所

---

[1] Rachel P. S. Leow, Four Misconceptions about Charity Law in Singapore, Singapore Journal of legal Study, Vol. 37, No. 4, 2012, pp321-350.
[2] 时立荣："转型与整合：社会企业的性质、构成与发展"，载《人文杂志》2007年第4期。
[3] 卢代富：《企业社会责任的经济学和法学分析》，法律出版社2004版，第96页。

在社区的组成部分,因此企业应当回馈社区,如为社区提供就业机会或慈善捐助,甚至通过适当的方式把利润的一部分回报给所在社区等。① 从企业社会责任理念的内容我们可以看出,社会企业的出现本身便是企业社会责任发展与推动的结果。

社会企业与企业社会责任之间的相关性和相似性无法掩盖两者之间的本质区别。社会企业是一种企业类型,而企业社会责任则是企业所承担的一种道义或伦理责任,或者说社会责任是一种选择性责任,是非强制性的责任,做得好有利于企业的发展,不履行社会责任不一定会影响企业的经营。因此企业社会责任并非企业运行的必然要求。② 而社会企业却是将社会利益作为其根本目标,受社会使命而非利润驱动,是社会目标的内核与商业形式的载体的有机融合。有学者通过一个形象的比喻来说明两者之间的区别:如果说企业社会责任是营利与非营利之间的"友谊",社会企业则是营利与非营利之间的"婚姻"。③

二、社会企业的分类

由于不同国家的社会企业产生于不同的社会、文化和政治背景,而社会、文化和政治背景的差异导致了对社会企业不同的立法理念和内容,因此社会企业采取的具体组织形式具有非常大的国别差异性。④ 社会企业囊括了众多规模、业务领域、法律框架、动机与利润导向的程度、与社区的关系以及文化各异的组织形态,⑤因此社会企业的范围非常广阔,根据不同的标准可以进行不同的分类。根据经营活动与企业存在的社会目的的关联程度,可以将社会企业分为使命中心型社会企业、使命相关型社会企业和使命无关型社会企业;根据社会企业为了实现社会目的采取的方法的不同,社会企业可以分为工作整合型社会企业和提供产品或服务型社会企业;根据社会企业采取的组织形态的不同,可以将其分为公司型社会企业和合作社型社会企业。

(一)合作社型社会企业和公司型社会企业

根据社会企业采取的具体法律形式的不同,可以将社会企业分为合作社形式

---

① 李淑英:"企业社会责任:概念界定、范围及特质",载《哲学动态》2007 年第 4 期。
② 刘小霞、徐永祥:"社会企业的若干问题探讨",载《华东理工大学学报(社会科学版)》2013 年第 5 期。
③ 刘水林、王波:"社会企业法的性质:社会法私法化的新路径——以英国社区利益公司条例为样本的分析",载《上海财经大学学报》2012 年第 1 期。
④ 赵莉、严中华:"国外社会企业理论研究综述",载《理论月刊》2009 年第 6 期。
⑤ 潘晓:"第三部门法的社会企业运动——欧美两种路径下的制度演进",载《北大法律评论》2012 年第 1 期。

的社会企业和公司形式的社会企业。

1. 合作社型社会企业

社会企业的思想和实践本身即起源于欧洲的合作社传统,而合作社则是经济和政治弱势群体通过团结互助的方式抵制资本压迫的产物。欧洲工业革命完成后,资本家利用先进的机器大生产和雄厚的资金疯狂地压榨工人,工人收入低下,生活条件恶劣。当时的工人和其他劳动者通过组成合作社的方式来避免资本家对自己的过度盘剥,如消费者合作社通过集中采购社员需要的商品并以合理的价格卖给社员可以减轻商品流通环节中商人的盘剥;工人合作社通过将工人组织起来自己进行生产可以摆脱资本家对工人的剥削。因此,起源于社会弱势群体联合互助摆脱困境的合作社天然地具备社会和经济两方面的功能和追求,在经济上能够帮助社员增加收入,在社会上能够促进就业、维护社会稳定。正是基于合作社追求经济利益和社会利益的双重价值,以及能够克服和解决社会不公平和不平等的独特功能,使得傅立叶、欧文等空想社会主义者一度将合作社作为社会改造的工具,并采用合作社模式在英国等地展开了空想社会主义实践,虽然空想社会主义实践最终没有获得成功,但合作社的思想和制度却被欧洲保留至今。[1]

历史上第一个真正获得成功的合作社是建立于1844年英国的罗彻戴尔(Rochdale)公平先锋社。罗彻戴尔公平先锋社所创立的合作社制度也成为合作社运作的基本原则,这些基本原则包括:(1)开放成员资格,入社和退社皆遵循自愿原则;(2)实行一人一票的民主管理原则;(3)资本收益受到限制;(4)盈余根据社员与合作社的交易额进行分配;(5)按照市场价进行货物交易并保证货物的数量和质量,交易过程中只能使用现金;(6)政治与宗教方面的中立;(7)注重提高成员的教育水平等。国际合作社联盟将合作社的基本价值确定为:团结、自助、平等和民主。合作社成员遵循诚信、履行社会责任以及关心他人的道德价值观。[2]

合作社传统上被视为非营利组织,合作社收入和支出之间的差额被称为盈余,因为社员是合作社最主要的顾客,甚至有的合作社根本就不与社员之外的人进行交易,因此合作社盈余的大部分来源于社员与合作社之间的交易,是参与交易的社员在与合作社的交易中所创造的。而营利性公司的利润主要来自于股东之外的顾客,因此合作社的盈余与营利性公司的利润存在本质的区别。合作社的

---

[1] 陈婉玲:"合作社思想的源流与嬗变——基于合作社法思想基础的历史考察",载《华东政法大学学报》2008年第4期。

[2] 郭富青:"西方国家合作社公司化趋向与我国农民专业合作社法的回应",载《农业经济问题》2007年第6期。

盈余实质上属于向社员"多收"或"少付"的款项,而非利润。①

从合作社的理念和运作的原则与规范可以看出,产生于社会弱势群体团结自救初衷的合作社天然地具有经济与社会双重价值与功能,属于社会企业的典型,因此欧洲大陆国家如葡萄牙、西班牙、希腊、法国、波兰等的社会企业采取的便是合作社法律形式。

2. 公司型社会企业

公司形式的社会企业可以采取有限责任公司和股份有限公司形式,与合作社形式的社会企业相比,公司形式的社会企业更容易吸收外部投资来扩大规模,在企业管理上更具备效率,甚至可以到证券市场融资。但公司形式社会企业的弊端是资本的逐利性容易使社会企业偏离其社会目的,因此为了确保公司型社会企业能够在追求经济利润的同时坚持追求社会目的,并保持其公益性,法律一方面会对其利润分配进行限制,另一方面会对公司的设立和运作规定严格的监管制度,包括对公司型社会企业的业务领域和经营范围进行限定,公司运作过程中要进行信息公开并接受政府更为严格的监管等。英国的社区利益公司和加拿大的社会贡献公司便属于公司型社会企业。

(二)使命中心型社会企业、使命相关型社会企业和使命无关型社会企业

社会企业通过商业活动来实现社会使命,但商业活动的开创性和扩张性使得社会企业的商业活动表现为复杂的形式,既可能是趋利性的也可能是为实现社会目的的,根据社会企业商业活动与其社会目的之间趋向性的差异,社会企业可以分为使命中心型社会企业、使命相关型社会企业和使命无关型社会企业,②或者嵌入型、交叠型、外部型社会企业三类。

1. 使命中心型社会企业

使命中心型社会企业也被称为嵌入型社会企业。在这种模式的社会企业中,商业活动的开展过程就是企业社会价值的实现过程,即社会活动和商业活动是统一的,社会使命是商业活动的直接目的,客户同时也是社会服务的受益人。这类社会企业的本质是:采用市场机制直接实现公益目标。③ 社会企业的商业活动直接以其社会目的为中心,商业活动与社会目的融为一体,社会目的直接通过商业活动得以实现,在获取经济利润的同时实现社会目的。使命中心型社会企业往往

---

① 米新丽:"论农民专业合作社的盈余分配制度——兼评我国〈农民专业合作社法〉相关规定",载《法律科学(西北政法大学学报)》2008年第6期。

② Nicholls A. Social Entrepreneurship:New Models of SustainableSocial Change [M]. Oxford:Oxford university press,2006,p. 369.

③ 高海虹:"发展社会企业:改善公共服务能力的有效途径",载《理论探讨》2011年第6期。

将产品生产、服务提供与创造就业机会相结合,通过为弱势群体提供工作机会,提高他们的收入和生活水平。如欧洲国家的工作整合型社会企业,这类社会企业直接为就业弱势群体提供就业机会或培训,既解决了弱势群体的就业问题,同时又创造了利润。再如致力于帮助贫困地区农民脱贫致富的农民专业合作社,其运营模式是既为农民提供免费的农业先进生产技术培训和市场信息指导,同时协助农民销售生产出来的农产品。使命中心型社会企业实现了社会目的与商业活动的融合,实践中一般由非营利组织引入市场机制逐渐发展而来。

2. 使命相关型社会企业

使命相关型社会企业又被称为交叠型社会企业,该种类型的社会企业的商业活动与社会目标并不直接融合,而是具有交叉性,商业活动与社会目标部分关联,并为社会目的提供资金支持。如致力于保护传统文化的社会企业可以通过销售传统手工艺品来获取收入,这一方面可以激励传统手工艺人继续从事该传统工艺品的制作,另一方面可以用销售产品获得的收入继续扶持传统手工艺的传承。还有以促进环境保护为目的的社会企业在关注植树造林的同时,也可以发展生态旅游项目这种商业活动来赚取收入,并用赚取的收入来补贴其用于实现环境保护目的的支出。[1]

3. 使命无关型社会企业

使命无关型社会企业又被称为外部型社会企业,此类社会企业开展的商业活动与其社会目的分离,不具有相关性,商业活动产生的收入是为实现其社会目的服务,或者说商业活动仅仅是实现社会目的的手段,为社会企业的社会目的提供资金支持。不同于使命中心型社会企业商业活动与社会目的的统一性,以及使命相关型社会企业商业活动与社会目的的相关性,这种类型的社会企业开展的商业活动与社会目的之间的关系是支持性的。如社会企业与商业企业签订合作协议,允许商业企业将社会企业的品牌用于市场推广,商业企业向社会企业支付品牌使用费用。使命无关型社会企业的本质是采用市场机制支持社会公益目的。

上述对社会企业的分类仅仅是一种理论上的划分,实践中的社会企业往往同时兼具这三种类型社会企业的特点,也就是说,同一社会企业可以同时开展多种模式的商业活动以服务其社会目的,既可以开展与其社会目的直接融合的商业活动,也可以开展与社会目的相关性的商业活动,还可以开展与社会目的不相关的商业活动赚取收入来服务其社会目的。

(三)工作整合型社会企业和提供产品或服务型社会企业

根据社会企业为实现社会目的采取的方式的不同,可以将其区分为工作整合

---

[1] 苗青:《社会企业:链接商业与公益》,浙江大学出版社2015年版,第15页。

型社会企业和提供产品或服务型社会企业。欧洲国家的社会企业主要包含这两类,即为社会弱势群体提供工作培训和岗位的社会企业和提供社区服务的社会企业。工作整合型社会企业通过为就业弱势群体如残疾人、低技能者等提供技能培训和工作岗位,使得他们能够通过自己的劳动而不是靠政府或社会的救助维持尊严生活。工作整合型社会企业是最主要也是在世界各国广泛存在的社会企业类型,鉴于大规模失业问题对一个国家经济和社会造成的负面影响,各国政府都会采取各种措施鼓励和扶持工作整合型社会企业的发展,其中给予工作整合型社会企业税收优惠和补贴是各国政府的一致做法,除此之外,对于工作整合型社会企业的利润分配法律也不做限制,因此工作整合型社会企业享受的政府扶持程度在所有类型的社会企业中是最高的。提供产品或服务型社会企业一般向社会提供失能老年人照护、儿童托管以及面向低收入群体的社区服务,通过提供这些具有准公共产品的服务实现其社会目的。但由于社会准公共服务内涵和外延的不确定性,为了防止提供产品或服务型社会企业以社会公益为名行谋取私利之实,各国法律都会对其利润分配进行限制。

第三章 社会企业的立法界定与实践认定

虽然很多学者从各自的学科视角对社会企业做了形形色色的理论界定,但社会企业仍然可以用简明扼要的一句话来概括:社会企业是通过商业手段实现社会目的的组织。然而这一理论界定过于宏观和抽象,鉴于企业本身内涵的创新性和灵活性特征,社会企业采用的商业手段可以灵活多样。而作为社会企业灵魂和核心的"社会目的"同样可以被赋予不同的理解和解释,例如传统营利性企业可以以自己为国家缴纳税收和为社会提供工作岗位而主张自己具有"社会目的",再比如以营利为目的的教育培训机构也可以以促进教育事业的发展而认为自己同样具有"社会目的"。如果任由人们按照自己的理解对社会企业的"社会目的"进行随意解释,将会破坏社会企业概念的规范性和严谨性,因此必须通过立法对社会企业和社会目的进行明确的界定,并在实践中确立具体的社会企业认定标准。同时只有获得了法律层面上的认可和明确界定,才能摆脱公众对社会企业"社会公益性"和"经营性"双重身份的质疑,社会企业才能获得"名正言顺"的地位并受到相应的法律保护和监管。

作为对社会企业在世界各地蓬勃发展的回应,自20世纪90年代开始,包括比利时、意大利、法国、德国、芬兰、立陶宛、拉脱维亚和英国在内的很多欧洲国家和美国、加拿大以及亚洲的韩国和我国香港地区都制定了专门的法律来对社会企业进行规范。社会企业立法的关键是如何对社会企业进行界定以及采取何种形式的社会企业,由于历史传统和经济社会发展背景的不同,不同国家的立法对社会企业的界定并不完全相同,其区别主要在于如何体现社会企业的"社会目的",因为"社会目的"是一个过于抽象和概括的术语,必须通过具体的标准来体现,有的国家立法通过限定社会企业的活动范围来体现其社会目的,还有的国家立法通过限定社会企业的利润分配来体现其社会目的。而对"社会目的"的不同立法界定和判断标准实质上反映了不同国家对各自不同的经济和社会问题所采取的不同应对思路,除了对社会目的做出不同的立法限定外,不同国家立法对社会企业可以采取的法律形式也会有不同的要求。

第一节　欧洲国家对社会企业的立法界定

欧洲国家具有悠久的合作社传统,因此欧洲国家社会企业的发展与其合作社传统密不可分,欧洲绝大多数国家如意大利、法国、芬兰、葡萄牙和西班牙等的社会企业形式主要表现为社会合作社,而只有英国和比利时的社会企业表现为公司形式。欧洲国家的社会企业立法通常会对社会企业的组织目标和经营范围以及利润分配做出规定,从而体现社会企业与普通营利性企业的区别。

一、合作社形式的社会企业

(一)意大利对社会企业的立法界定:社会合作社

社会企业在意大利具有悠久的历史传统,因此意大利是欧洲最早进行社会企业立法的国家。意大利于1991年颁布的第381号法律创立了社会合作社(Social Co-operative,SC)这一法律形式,社会合作社成为意大利最主要的一种社会企业形式。该法律颁布实施之后,意大利的社会合作社数量每年都呈现15%~30%的增长,到2005年,社会合作社数量达7500多个,为社会提供工作岗位达24.4万个,这些社会合作社对意大利的经济社会发展发挥了重要的推动作用。

意大利的社会合作社与普通合作社相比具有如下区别:首先,普通合作社仅仅服务于内部会员的利益,是互益性的非营利组织,而社会合作社追求的是社区的普遍利益和公民的社会整合,追求的是外部性的整个社会的利益。其次,社会合作社必须将年度盈余的至少30%交给政府主管的"义务储备基金",此外还必须将年度盈余的3%交给由社会合作社行业组织进行管理的共同基金——Marconi基金,该基金的用途是促进及培育社会合作社的发展。再次,社会合作社解散的时候,为了防止组织的"互益化",社会合作社不能向会员分配任何资产,而应将其资产交给其他社会合作社。[①]

根据追求的社会目的的不同,意大利的社会合作社又被分成了两类:A类型社会合作社和B类型社会合作社。A类型社会合作社针对不同的社会群体提供社会福利、健康、文化、教育、研究等商品或服务,以及为其他社会企业提

---

① Jacques Defourny and Marther Nyssens. Social enterprise in Europe: recent trends and developments. Social Enterprise Journal. 2008. 4(3):217-218.

供支持。① B 类型社会合作社的社会目的则是促进弱势群体的工作整合,因此法律要求 B 类型社会合作社的员工(包括会员和非会员)中,必须包含 30% 以上的弱势群体成员,这些弱势群体成员包括有身体或学习障碍的人、盲人、精神疾病患者、毒品成瘾者、酗酒者以及刑满释放者。A 类型社会合作社是商业驱动的企业,而 B 类型社会合作社则是促进就业或就业庇护型组织。鉴于 B 类型社会合作社在促进弱势群体就业中的作用,政府给予其包括免缴社会保险税等非常广泛的优惠和补贴。②

(二)法国对社会企业的立法界定:集体利益合作社

受本国合作社发展的推动和意大利社会合作社经验的启发,法国于 2002 年 7 月颁布第 624 号法律,创立了"集体利益合作社"(collective interest cooperative society)这种新的法律形式。根据该法律的界定:集体利益合作社是生产或销售具有社会效用特征的产品及服务的组织,如满足社会的新兴需求、促进社会融合和职业发展等。③ 与意大利的社会合作社相似,法国的集体利益合作社在利润和剩余资产分配方面都受到限制。集体利益合作社首先要将年度盈余的 57.5% 上交到政府主管的法定储备金,然后才能进行分配。而且,为了防止集体利益合作社成员通过提高薪酬等方式进行变相的利润分配,法律规定其成员薪酬不得超过法国经济部公布的私营企业的平均报酬率。④ 在解散时,集体利益合作社在补偿成员的资本贡献之后,即成员收回自己的投资后,剩余资产同样不得用于分配。⑤

(三)波兰对社会企业的立法界定:社会合作社

波兰社会企业同样出现于社会转型时期的高失业率、社会排斥和贫困问题以及政府公共福利支出减少的背景下。经过对意大利社会企业的考察,波兰政府和公众认为,与政府部门和营利性企业相比,社会企业具有灵活和成本低廉的优点。于是在借鉴意大利社会企业立法的基础上,波兰于 2006 年 4 月通过了《社会合作社法》,设立了"社会合作社"这一社会企业形式。

根据《社会合作社法》的界定,社会合作社是由失业者等弱势群体所建立的,

---

① Rafael Peels, Caroline Gijselinckx, Wim Van Opstal & Li Zhao. Enabling Environments for Social Enterprise Development. 2009, pp. 9.

② Galera Giulia and Carlo Borzaga. Social enterprise. An international overview of its conceptual evolution and legal implementation, pp. 10.

③ The Changing Boundaries of Social Enterprises, Published by the OECD Local Economic and Employment Development(LEED) Programme, 2009, pp. 38.

④ The Changing Boundaries of Social Enterprises, Published by the OECD Local Economic and Employment Development(LEED) Programme, 2009, pp. 38.

⑤ The Changing Boundaries of Social Enterprises, Published by the OECD Local Economic and Employment Development(LEED) Programme, 2009, pp. 38.

致力于社会以及社员的重新融合的合作社。这些弱势群体包括流浪者、酗酒者、吸毒者、精神病患者、刑满释放者以及难民。社会合作社的组成人员在 5~50 人之间。① 波兰法律不允许社会合作社开展经济活动,它们只能开展包括社会、教育、文化以及社会和职业整合活动等"非经济性"活动。② 尽管社会合作社被禁止从事经济活动,但由于"经济活动"是一个难以确定的概念,而且法律并没有对什么是"经济活动"做出明确的界定,因此波兰的社会合作社仍然可以在非利润最大化的基础上,从事商品生产和提供服务。③ 社会合作社不能向会员分配盈余,其盈余只能用于社会合作社的业务活动,社会合作社解散时,清偿完债务之后的剩余财产只能由社员分配其中的 20%,其余的剩余资产由政府收回,进入专门设立的"工作基金"用以支持和培育新的社会合作社。因此波兰的社会合作社具备明显的非营利性特征。

(四)葡萄牙、西班牙的社会企业:社会团结合作社和社会倡议合作社

葡萄牙社会企业的表现形式是社会团结合作社,1997 年 12 月,葡萄牙通过了《社会团结合作社特别法》(Special Legislation on Social Solidarity Co-operative),创立了"社会团结合作社"这一社会企业形式。④ 社会团结合作社是为满足社会的需要,通过社员的合作和互助,推动和整合弱势人群的一种合作社组织,它们遵循合作原则,不以营利为目的。社会团结合作社的主要活动领域包括支持弱势群体、残疾人、老年人、儿童和贫困家庭,尤其是为弱势人群提供教育和职业培训。社会团结合作社禁止社员进行盈余分配,在解散时必须将清算完的剩余资产交给其他的社会团结合作社。⑤ 因此葡萄牙的社会团结合作社属于典型的非营利组织。

西班牙的社会企业形式是"社会倡议合作社"(Social Initiative Cooperative)。西班牙的各类合作社主要是互益性非营利组织,而社会倡议合作社则是公益性非营利组织。与意大利的社会合作社相似,西班牙的社会倡议合作社主要提供教

---

① The Changing Boundaries of Social Enterprises, Published by the OECD Local Economic and Employment Development(LEED)Programme,2009,pp. 40.

② The Changing Boundaries of Social Enterprises, Published by the OECD Local Economic and Employment Development(LEED)Programme,2009,pp. 40.

③ Defourny J. and Nyssens M. ,2008,'Social enterprise in Europe:recent trends and developments', Working Papers 2008/01,Emes European Research Network,Liège.

④ The Changing Boundaries of Social Enterprises, Published by the OECD Local Economic and Employment Development(LEED)Programme,2009,pp. 36.

⑤ The Changing Boundaries of Social Enterprises, Published by the OECD Local Economic and Employment Development(LEED)Programme,2009,pp. 36.

育、福利和医疗领域的社会服务,或为社会弱势群体提供工作机会。[1] 社会倡议合作社只能进行有限的利润分配,而且其工作人员的工资待遇也受到法律的限制。[2]

(五)芬兰对社会企业的立法界定

芬兰作为传统的北欧高福利国家之一,政府更多地承担着照料社会弱势群体的职责。为了解决弱势群体的就业问题,芬兰政府建立了大量的工作中心和庇护工场,因此一直到20世纪80年代,芬兰并没有对社会企业的需求。20世纪90年代初,全球性的经济危机导致芬兰发生了严峻的就业问题,财政来源的减少也影响了政府对残疾人工作中心和庇护工场的资金投入能力,这些残疾人工作中心和庇护工场为了度过艰难的时期,不得不为产品寻找新的市场,并探索新的组织方式。于是在失业者群体及其社团中,产生了自助性质的工作整合型企业。为了鼓励其他类型的企业雇佣更多的残疾人和长期失业者,2003年12月,芬兰议会通过了《社会企业法》,创立了社会企业这一组织形式。[3]

根据芬兰《社会企业法》的界定,社会企业是通过市场手段为残疾人和长期失业者提供工作机会的企业。与欧洲其他很多国家的社会企业不同,芬兰的社会企业是市场导向的,它们通过雇佣残疾人和长期失业者实现对社会的贡献。[4] 芬兰社会企业的运营方式与营利性企业相同,都是根据商业规则进行商品生产和提供服务,目标是获取更多的利润,依据集体协议向员工支付工资。社会企业与普通企业的不同之处在于它的社会性内涵,即社会企业主要是为残疾人和长期失业者提供工作机会,法律要求的标准是残疾员工或长期失业者占企业全体员工的30%以上。[5] 正是由于就业导向型企业的这一立法定位,芬兰社会企业应向劳工部进行登记,而且由于社会企业帮助弱势群体就业减轻了政府承担的弱势群体的生存权保障责任,因此法律对社会企业的利润分配未作限制,这一点使得芬兰的社会企业与其他国家的社会企业存在明显的区别。

---

[1] Legal framework for social economy and social enterprises: A comparative report, UNDP Regional Bureau for Europe and the Commonwealth of Independent States, 2012, pp. 25.
[2] Legal framework for social economy and social enterprises: A comparative report, UNDP Regional Bureau for Europe and the Commonwealth of Independent States, 2012, pp. 25.
[3] Pättiniemi, P. Work Integration Social Enterprises in Finland, Emes WP n. 04/07.
[4] Pättiniemi, P. Work Integration Social Enterprises in Finland, Emes WP n. 04/07.
[5] The Changing Boundaries of Social Enterprises, Published by the OECD Local Economic and Employment Development(LEED)Programme, 2009, pp. 51.

二、公司形式的社会企业

(一)英国社会企业的立法界定

英国的社会企业主要表现为社区利益公司。20世纪90年代以来,为了促进经济增长和就业以及社区的发展,英国政府开始推动社会企业的发展。2002年9月,英国首相内阁办公室在《私人行动,公共利益》的报告中提出改革现行非营利部门的法律和制度框架,创建"社区利益公司"(Community Interest Company, CIC)的建议。[1] 为了将社区利益公司的设想变成现实并保障其健康发展,英国议会于2004年10月通过《2004年公司(审计、调查和社区企业)法案》,该法案修正了"公司应为其股东谋取最大利益"的传统公司法理念,允许公司与社区分享利润,并进一步提出创制"社区利益公司"的法律形式。依据该法,英国议会在2005年7月1日通过了《社区利益公司规章》(Community Interest Company Regulations 2005),创立了"社区利益公司"这一社会企业法律形式。

社区利益公司被界定为拥有主要的社会目标、利润主要再投资于企业本身或社区,不受股东或所有者利润最大化驱动的一种公司形式。社区利益公司与普通营利性公司的本质区别在于它的活动是为了实现社区利益,因此"社区"对于社区利益公司的界定至关重要。根据《2004年公司(审计、调查和社区企业)规章》的界定,社区并非是我们通常意义理解上的如居住社区等地域概念,而是一个抽象的具有丰富内涵和外延的表述,任何一个可定义和区分的部门或人群都属于社区利益公司中的"社区",它既包括老年社区居民、学习障碍者、失业者、患某种疾病的人群以及失业工人等具体的人群,[2]还可以指环境污染研究、湿地保护、语言文化保护、博物馆、社区支持等服务于社区利益的活动。社区利益公司里的"社区"并不是一个地理概念,因此,社区利益公司的界定非常宽泛,而且在活动的地域范围上,它既可以是社区或区域性的小型公司,也可以是大型的跨国公司。立法对社区利益公司的宽松界定使得社区利益公司很容易获得注册和认证,截至2012年1月,英国已经有超过6000家组织注册为社区利益公司。[3] 登记为社区利益公司的企业在其名称中会包含"CIC"(community interest company),目的是使其获得区别于普通营利性商业企业的明显标识。

---

[1] Cabinet Office Strategy Unit. Private action, public benefit: a review of charities and the wider not-for-profit sector. London: Strategy Unit, 2002: 49 - 57.

[2] 同上。

[3] http://www.cicassociation.org.uk/about/what - is - a - cic.

社区利益公司除了在服务对象和活动范围上体现其社会目的之外,在利润分配上也受到限制,从而确保其真正服务于社区利益。首先,《2005年社区利益公司规章》规定了社区利益公司的分红上限,公司向股东分配的利润总额不得超过公司可分配利润总额的35%。如果社区利益公司是上市公司,在股票分红时每股分红不超过英国中央银行基准贷款利率的1.05倍,未达当年上限的分红可以累积到第二年进行分配。公司股东在赎回或回购自己的股票时,或者在社区利益公司解散或终止时,只能按照票面价格赎回或回购自己的股票,而不是上涨之后的股票价格,这样能保证公司资本的增长归属于社区利益公司本身而不是公司股东,公司股东能够得到的只是相当于利息的投资回报。社区利益公司还应遵循"资产锁定"(Asset Lock)原则,也就是在社区利益公司解散时,它经过清算后的剩余资产不能在股东之间分配,而应转移给其他社区利益公司或慈善组织,从而确保社区利益公司的资产真正服务于社区利益。①

(二)比利时对社会企业的立法界定

比利时对社会企业的立法也相对较早,其社会企业主要以"社会目的公司"的形式存在。在1995年以前,比利时就存在大量以服务社会目的而运作的商业实体,如为失业者提供工作机会以及为老人、儿童和残疾人等提供社区服务的组织。为了规范和扶持这些社会组织的发展,比利时于1995年4月对《公司法》进行修订,设立了"社会目的公司"(Social Purpose Company,SFS)这一新的公司名称。社会目的公司并不是一种新的公司形式,而是一种法律资格。根据比利时的法律界定,社会目的公司是服务于社区居民而非追求利润、拥有独立的管理制度和民主的决策程序、在利润的分配上劳动者优先于资本的公司。②

比利时《公司法》要求社会目的公司应追求社会使命,而不应以追求经济利益为主要目的,因此社会目的公司不能以直接或间接的方式向成员输送经济利益,公司在利润分配上受到严格限制。法律规定社会目的公司的股东能够获得的资本投资的分红上限为6%。③ 在解散的时候,社会目的公司的剩余资产必须转交给具有相同使命的组织,不能在投资者之间进行分配。

---

① The Office of the Regulator of Community Interest Companies House. Information Pack Community Interest Companies. London:Companies House,2010:4-46.

② 董蕾红、李宝军:"社会企业的法律界定与监管",载《华东理工大学学报(社会科学版)》2015年第3期。

③ The Changing Boundaries of Social Enterprises, Published by the OECD Local Economic and Employment Development(LEED)Programme,2009,pp. 43.

由于比利时立法对社会目的公司的登记规定了严格的条件,[1]从1996年到2006年,登记注册的社会目的公司不到400家。[2] 目前,比利时正在讨论制定社会企业的专门立法,学者们就社会目的公司的成员报酬、员工参与公司治理、提交社会报告和司法监管等方面提出了立法建议,[3]目的是增加社会目的公司设立和运作的灵活性,培育和鼓励社会目的公司的建立。

第二节 美国和加拿大对社会企业的立法界定

受欧洲国家尤其是英国社会企业发展的影响和推动,美国和加拿大也发展了本国的社会企业形式。美国的社会企业在活动范围、利润分配等方面并没有特别的限制,除了要求社会企业在组织目标上要考虑社会利益而不仅仅是考虑股东利润最大化以外,社会企业与普通营利性商业企业并没有太大的区别。而加拿大的社会企业立法及社会企业形式则在很大程度上借鉴了英国的社区利益公司制度。

一、美国对社会企业的立法界定

作为典型的联邦制国家,社会企业立法属于美国各个州的立法权限范围。为了适应社会企业发展的需要,2008年以来,美国许多州在本州商业公司的法律框架中,设立了"低利润有限责任公司""共益公司""弹性目标公司""社会目的公司"四种社会企业法律形式。但美国的这些社会企业形式并不属于非营利组织,而仍然是营利性公司,股东有权得到公司的利润分配和价值增值。这些社会企业立法的最大价值就在于改变了英美传统公司法中原有的关于公司董事必须以股东利益最大化为目标的限定,使得公司董事可以在营利性公司的框架下同时实现利润目标和社会目标。美国的这些社会企业形式可以同时具备普通商业企业和非营利组织的优势,如它们既可以从传统资本市场寻求投资,也可以获得基金会

---

[1] 在比利时,如果一个组织的章程能够符合《公司法》规定的以下9个条件,则可以成为社会企业:(1)创始人不追求或只追求非常有限的利润;(2)公司的章程明确描述了社会目标;(3)每年发布特别报告,描述实现社会目标的方式;(4)必须按照公司的社会目标进行利润分配;(5)会员没有或只有有限的利润分配;(6)有限的投票权(最多10%);(7)章程必须说明员工成为合作伙伴的程序;(8)章程必须说明员工终止合作伙伴的程序;(9)在解散的情况下,盈余必须转交给与其有相同社会目标的组织。

[2] Jacques Defourny and Marther Nyssens, eds. Social enterprise in Europe: recent trends and developments. European Research Network, number 08/01. Apr 2008. New York, NY.

[3] The Changing Boundaries of Social Enterprises, Published by the OECD Local Economic and Employment Development(LEED)Programme, 2009, pp. 45.

的投资,而且在实现社会目标的过程中,公司董事可以基于社会利益进行决策而不必担心遭到股东的诉讼。因为美国这些社会企业形式不属于非营利组织,因此企业本身不享受任何优惠或政府补贴,但是这些社会企业却可以基于其内涵的道德价值和社会目标而获得更高程度的市场和消费者的认可。随着近几年道德消费理念的传播,消费者更倾向于从那些更具社会或环境责任感的公司购买产品或服务,因此注册为社会企业有利于提升企业的品牌价值和促进市场营销。下文分别介绍这些社会企业形式的立法界定和特征。

(一)低利润有限责任公司

2008年5月,福蒙特州通过修订本州的《有限责任公司法》,创立了低利润有限责任公司(Low-profit Limited Liability Company,简称L3C),随后两年,伊利诺伊州、路易斯安那州和北卡罗来纳州等7个州也通过了相关法案,引进了低利润有限责任公司这一法律形式。

低利润有限责任公司兼具非营利机构的慈善目标和营利机构的治理结构,其区别于普通营利性公司的特点在于同时追求经济目标和社会目标,因此被称为"具有非营利灵魂的营利性机构"。低利润有限责任公司必须是为了实现某种慈善目的而建立,而且这一目标要高于它的利润目标。低利润有限责任公司的投资主要来源于美国大量存在的私人基金会的"项目相关投资",但是其对投资人的投资回报率一般低于5%。这些州创立低利润有限责任公司的初衷便是为了鼓励和促进私人基金会对普通营利性商业企业的投资,因为美国联邦税法要求私人基金会作为免税的慈善组织每年应至少将总资产的5%用于慈善目的,否则将会因为未达到标准而受到严厉的税收处罚,严重者将丧失慈善组织的免税资格。私人基金会既可以通过向公共慈善机构进行捐赠以达到这一标准,也可以通过进行项目相关投资来满足该要求。"项目相关投资"指的是为了实现私人基金会的特定慈善目的(如促进宗教传播以及科学、艺术或教育事业等),该投资的主要目的并非是实现私人基金会资产的增值。私人基金会可以通过提供借款担保、低价租赁以及股权投资等方式进行项目相关投资。[①]

在低利润有限责任公司这一法律形式出现之前,私人基金会为了寻找符合联邦税法规定标准的投资对象每年要花费大量的时间和精力,正是为了解决这一问题,在私人基金会和商业界的共同游说下,上述多个州的议会根据美国联邦税法对私人基金会项目相关投资的要求为模板制定了低利润有限责任公司法案。私人基金会通过投资于低利润有限责任公司不仅可以收回投资并获得一定的回报,

---

① Internal Revenue Bulletin:2012-21. Notice of proposed rulemaking examples of program-related investments. http://www.irs.gov/irb/2012-21_IRB/ar11.html(2012/5/12).

同时还能实现自身的慈善目标,从而保持免税地位,因此私人基金会有很大的热情投资于低利润有限责任公司。低利润有限责任公司对于私人基金会之外的普通投资者同样具有吸引力,因为其既具有有限责任公司的灵活所有权和治理结构,又能提供合理的风险水平和稳健的投资回报。低利润有限责任公司所具有的慈善目的和社会目标使得其他市场主体和普通消费者更愿意与其进行交易,因此低利润有限责任公司具有普通有限责任公司所不具备的竞争优势。

(二)共益公司

2010年,马里兰州和福蒙特州通过相关法案,设立了共益公司(Benefit Corporation,BC)这一法律形式,第二年,加利福尼亚州和纽约州等5个州也设立了共益公司这一法律形式。按照这些州法的规定,共益公司是指在追求公司经济利润的同时还必须创造一般公共利益或任何特定社会目标的公司。公益公司追求的一般公共利益被界定为任何能够对社会或环境产生的积极影响。[①] 除了追求一般社会公共利益外,共益公司还可以追求特殊的社会目标,这些特殊的社会目标包括为低收入群体提供产品或服务,促进生态环境保护,促进医疗卫生事业的发展,促进文学、艺术或科技的进步,促进对具有公共利益目的的实体的投资以及其他任何增进社会公共福利的特定事项。[②] 除了在公司目标上负有促进社会公共利益或实现特定社会目标外,共益公司在结构和治理方面与普通营利性公司完全相同,共益公司同样也追求经济利润和股东的投资收益,但董事会在进行决策时既要考虑公司的经济利润,还要考虑如何实现公司章程中载明的社会目标。

为了确保共益公司真正追求社会公共利益,法律对其规定了较高的透明度要求。共益公司每年必须向社会公众和股东提交其创造社会利益和环境价值的详细报告,通过该报告社会公众和股东就可以监督共益公司是否真正实现了特定的社会公益目标。该报告首先应当阐述公司追求的一般公共利益和特定社会目的是什么;然后详细描述共益公司为了追求该一般公共利益或特定社会目的所做的工作以及取得的效果;最后还应分析共益公司在实现公共利益或社会目的的过程中遇到的障碍和不足是什么以及在今后的发展中应当如何改进。但共益公司的法律制度也因存在缺陷而遭到了批评,如立法对公共利益的界定过于抽象,缺乏

---

① Howard R. Herman. New York Introduces Benefit Corporations. http://118.26.57.18/1Q2W3E4R5T6Y7U8I9O0P1Z2X3C4V5B/www.mosessinger.com/articles/files/NewYorkIntroducesBenefitCorporations.pdf(2012/7/10).

② William H. Clark, Jr; Elizabeth K. Babson. How benefit corporations are redefining the purpose of business corporations. William Mitchell Law Review. 2012,38(2):838-842.

具体的判定标准,而且现有的公益公司的治理机制不足以推动公司实现社会和利润的双重目标,现有的公益公司法律框架还不足以使董事会、管理者或投资人真正实现公司追求的社会目的。

(三)弹性目标公司

弹性目标公司(Flexible Purpose Company,简称 FPC)是加利福尼亚州独有的社会企业形式,该州设立弹性目标公司的目的同样是为追求社会目的或环境目标的公司提供法律形式的保障。法律要求弹性目标公司必须追求特定的社会目标,公司追求的社会目标的范围可以相对宽泛,也可以比较具体,但一旦为自己设定了社会目标,公司必须在特定的时间内实现这些社会目标。公司追求的社会目的包括慈善事业以及其他服务于社会公共福利的活动,如发展教育事业、促进环境保护等对社会具有积极影响的活动。但与低利润有限责任公司不同的是,法律并未要求弹性目标公司的董事将慈善目标置于利润目标之上。因此,当公司董事在股东利益和公司追求的特定社会目标之间进行权衡的时候,法律允许董事做出决策来追求特定的社会目标。为了确保弹性目标公司能真正服务于特定的社会目标,法律同样对弹性目标公司设定了较高的透明度要求,由于弹性目标公司可以通过证券市场发行股票和债券,因此法律要求其必须向公司股东以及社会公众提供年度报告,年度报告的内容包括:公司追求的特殊目的是什么以及公司采取了哪些措施来实现该特殊目的,公司为实现特殊目的所支出的资金等。

(四)社会目的公司

社会目的公司(Social Purpose Company,简称 SPC)目前只存在于华盛顿州,华盛顿州于 2012 年 3 月通过修订公司法的形式创制了该社会企业形式。社会目的公司的成立同样是为了实现一种或多种社会目标,但与其他 3 种社会企业形式不同的是法律并没有对其追求的社会目的进行任何限定,因此社会目的公司的创始人和股东有权自由决定公司追求的社会目的。社会目的公司必须在其章程中明确载明公司追求的社会目的和使命,并对"可能与利润最大化相反"的行为做出解释。为了确保社会目的公司能真正追求社会目的,而不是将社会目的作为赚取利润的噱头,法律要求其必须向州务卿办公室提交年度报告,该年度报告应详细阐述公司为实现社会目标实施的行为,社会目的公司的年度报告还应在公司网站上公开。

尽管美国的上述社会企业形式得到了很多支持,但也引发了广泛的质疑。首先,质疑者认为这些新的公司法律形式在现实中的意义不大,因为如果没有股东的反对,公司在追求利润回报的同时追求社会利益并不会遭遇障碍,现有的营利性公司法律制度完全可以承载社会企业模式;其次,由于这些社会企业形式同时追求利润目标,因此无法获得免税资格,社会对它们的捐赠也无法获得税收豁免待遇,在没有法律和政策优惠支持的情况下,如果对义务的设置较高,会在一定程度上影响人们创办社会企业的积极性。再次,由于法律要求这些社会企业形式要追求并实现社会公共利益,而不仅仅是投资人的利润回报,而在实现社会公共利益的过程中必然会稀释公司的利润回报率,因此会影响社会企业在资本市场上融资,导致公司无法吸引到足够的投资。

二、加拿大对社会企业的立法界定

受欧洲国家和美国影响,加拿大也出现了越来越多同时追求社会公共利益和利润回报的"混合型"企业。为了对这些新出现的企业形式进行规范,不列颠哥伦比亚省在2012年修改了《商业公司法》(Business Corporations Act),创立了加拿大的社会企业法律形式——"社区贡献公司"(Community Contribution Company)。社区贡献公司在很大程度上借鉴了英国社区利益公司的制度设计。除不列颠哥伦比亚省以外,加拿大的其他地区也通过了类似法规,如新斯科舍省于同年通过了《社区利益公司法》(Community Interest Companies Act),新斯科舍省的社区利益公司无论在名称上还是具体制度设计上都同英国的社区利益公司完全一致。

社区贡献公司是指在经营过程和业务活动中同时追求利润和特定社区目标的公司,它们不仅要提供解决社区问题的服务或产品,还被要求把公司利润的一部分用于服务于社区目的。与英国立法对社区利益公司的规定相似,社区贡献公司追求的"社区目标"同样是一个非常广泛的概念,包括提供健康、环境、文化、教育和其他服务,也就是说只要公司的业务行为能使社会全体或一部分受益,便可称之为"社区目标"。社区贡献公司的利润分配同样受到限制,除了股东是依法登记的慈善组织外,每年向股东分配的利润不能超过公司年利润总额的40%,这一规定可以确保公司大部分利润被用于社会目标。社区贡献公司解散时的资产处置同样受到限制,但与英国的社区利益公司不同,法律允许社区贡献公司向股东分配40%的资产,剩下60%的资产必须转交给其他的社区贡献公司、慈善组织或非营利组织,而英国的社区利益公司则完全不允许分配剩余资产。社区贡献公司每年必须向监管机关提交"社区贡献报告",内容包括社区贡献公司的业务收入和支出情况、资产变动、利润分配情况尤其是获得利润分配的股东身份信息以及薪酬超过7.5万美元的人员列表。"社区贡献报告"以及公司的财务报表还要在公司网站上公开,并向社会公众开放。

第三节 亚洲国家和地区对社会企业的法律界定

一、韩国对社会企业的立法界定

韩国是亚洲唯一颁布专门社会企业立法的国家。韩国于2006年12月通过了《社会企业促进法》(Social Enterprise Promotion Act),该法律的颁布和实施对韩国社会企业的发展起到了至关重要的作用。《社会企业促进法》的目标是通过支持社会企业的建立、运行和发展来完善社会公共服务和创造新的工作岗位,从而促进社会和谐和提高国民的生活质量。《社会企业促进法》将社会企业界定为:为弱势群体提供社会服务和就业岗位,在实现提高居民生活水平等社会目标的同时,进行商品生产、销售及服务等营利活动,并得到雇佣劳动部认证的企业。该法第8条进一步规定了社会企业的组织形态、类型和经营领域等内容。韩国社会企业一般以公司为组织形式,以提供就业岗位为主要目标。[1] 根据该法律的规定,之前政府为社会弱势群体提供就业岗位的公共劳动事业和社会事业等实体,都转变为具有法律保障和支持的社会企业。

为了推动社会企业的发展,韩国政府还专门成立了"社会企业促进中心"(Korea Social Enterprise Promotion Agency),而且为了提高对社会企业的扶持效率,韩国建立了社会企业认证制度,对社会企业进行有选择性的、集中式的扶持。有意向开办社会企业的人,需接受韩国劳动部的审议和认证,未获得劳动部认证的组织不得使用"社会企业"名称。获得认证的社会企业根据《社会企业促进法》的规定可享受非常广泛的优惠和扶持:例如设立及运营社会企业所需的经营补助及社会保险费补助、培养社会企业专业人才的培训费用、在政府采购中获得政府的优先采购、业务活动中的税费减免优惠和为社会提供服务过程中的资金补贴等。[2] 韩国社会企业的规模都不大,约95%的社会企业雇员人数少于100人,尽管如此,韩国社会企业在近年来已经取得了显著的发展,社会企业的数量增长很快。截至2012年10月,韩国有680个组织被认定为社会企业,其中多数属于为社会弱势群体提供工作机会的工作整合型社会企业。[3]

---

[1] 金仁仙:"韩国社会企业发展现状、评价及其经验借鉴",载《北京社会科学》2015年第5期。
[2] 金仁仙:"社会经济制度化发展——以韩国〈社会企业育成法〉为视角",载《科学学与科学技术管理》,2016年第1期。
[3] Park C., Wilding M. Social enterprise policy design: Constructing social enterprise in the UK and Korea. International Journal of Social Welfare, 2013. 22(3):236-247.

韩国社会企业的特点主要表现为三个方面：一是社会企业的主要目的和功能在于为社会弱势群体提供就业岗位和社会服务，因此其注册和监管机关是劳动部门；二是社会企业的认定比较严格，而且只有获得劳动部认证后才可以冠之以"社会企业"名号，未获得劳动部认证的企业不得以社会企业名义开展活动；三是政府对社会企业提供了优厚的扶持待遇，因为政府对社会企业的认定标准和程序比较严格，获得政府认证的社会企业都是政府认为能够解决特定社会问题的企业，因此政府有意愿和能力对其进行扶持；四是法律允许社会企业将年度利润的三分之一用于分配，在社会企业终止时，企业清算后的剩余资产的三分之一可以被投资者收回，这种利润分配和资产处置模式与加拿大的社区贡献公司类似，既照顾了社会企业投资者或创办人追求利润的需求，又保证了社会企业的社会性，更好地协调了社会企业经济目的和社会目标之间的关系。

二、日本关于社会企业的界定

日本于1998年颁布的《特定非营利活动促进法》赋予了市民活动团体以法人资格，允许其在社会福利领域开展营利活动，因此日本虽然没有社会企业的明确称谓，但存在社会企业的组织形式。日本社会企业的主要表现形式为特定非营利公司，日本的特定非营利公司是依赖自身的营业收入维持自身运作和生存的非营利组织，除特定非营利公司外，日本也出现了不分配利润的合作社，这些兼具营利组织形式和非营利组织目的的混合型组织形式被日本学术界和实务以及政府部门称为日本的社会企业。日本社会企业主要的活动领域包括老年人照护、工作整合与社区商业。

日本是一个老龄化非常严重的国家，大量失能老年人需要政府提供照护，而政府由于资源和能力的限制无法独自承担这一职责，于是政府鼓励社会组织和个人利用自有的房屋建立社区性老年照护机构，这些居民住房改建成社区老年照护机构所产生的房屋装修和设计费用由政府承担，当然，老年照护机构要向入住的老年人收取费用维持运营，除此之外，这些老年照护机构在运营中还能享受政府的其他补贴。由于日本政府对老年照护机构的补贴和扶持，仅在长野县，社区照护机构便从1999年的12个发展到2008年的362个。

工作整合型企业代表了日本社会企业的另一种类型，这些工作整合型企业主要服务于身体或智力残障以及其他社会边缘人群。身体或智力残障等就业困难群体在日本长期被排除在主流就业市场之外，为了帮助这些就业困难群体解决就业问题，日本政府早在1997年便制定了《就业困难人群在公司与政府机构就业促进法》(the Law for Promoting Employment of the Challenged in Firms and Governments)，该法律要求拥有56名以上301名以下员工的商业企业应当雇佣员工总数1.8%的身体或智力残障人群。然而该法律对于违反规定的公司设定了很低的处罚,即公司只需向日本健康、劳动和福利部每月交纳530美元的罚款即可免除违反该规定的处罚,因此大部分公司宁愿选择缴纳罚款也不愿意去雇佣身体或智力残障等就业困难群体。据日本健康、劳动和福利部2003年的统计,日本登记在册的700万名就业困难群体中只有7%的人在主流就业市场找到工作。鉴于普通企业不愿意雇用就业困难群体的现状,日本政府和社会组织开始鼓励采取工作整合型企业的方式为就业困难群体提供工作岗位,如北海道地区的札幌残疾人服务中心,专门为残疾人提供电脑和网站制作培训,还有位于北海道新得町的一家残疾人服务中心,专门雇佣存在精神或社会障碍的社会边缘群体作为固定工人从事农产品和奶制品加工,甚至还经营一家餐厅。

社区商业组织是日本社会企业的第三种主要形式,社区商业组织具有如下特征:(1)兼具非营利组织与商业活动的特征;(2)主要目的是解决社区内的特定问题并使社区居民获得利益;(3)社区居民既是组织活动的受益者同时还是组织活动的参与者。这些社区商业组织的主要活动领域包括开发乡村旅游资源、促进环境改善以及解决社会排斥问题等。[1] 日本是世界上老龄化最为严重的国家,为了缓解养老金支付的压力,日本政府和社会采取各种措施鼓励老龄人口就业,其中一家名为 Irodori 的社区公司雇佣乡村老龄人口利用乡村独特的植物资源为水果公司和饭店提供色彩鲜艳的植物叶子和鲜花,用来装修如寿司、生鱼片、清汤等传统日本食物,帮助乡村地区的贫困老年人增加收入,Irodori 公司更是因其为边远乡村地区的老龄人口提供工作机会的独创性方案受到了日本经济、贸易和农业部的表彰。[2]

三、我国香港和台湾地区对社会企业的界定

我国香港和台湾地区虽然尚未对社会企业进行专门立法,但实践中各种社会组织尤其是非营利组织都开展了大量的社会企业活动,有关部门更是采取各种优惠和补贴方案鼓励社会企业的发展。

(一)社会企业在我国台湾地区的发展与界定

我国台湾地区的非政府组织中有相当数量的组织在实践其社会公益目标之际,也不断地朝着市场化与产业化的方向发展,因此所谓的"社会企业"在我国台

---

[1] Rosario Laratta, THE EMERGENCE OF THE SOCIAL ENTERPRISE SECTOR IN JAPAN, 9 Int'l J. Civ. Soc'y L. 35 2011, pp. 35 – 54.

[2] Rosario Laratta, THE EMERGENCE OF THE SOCIAL ENTERPRISE SECTOR IN JAPAN, 9 Int'l J. Civ. Soc'y L. 35 2011, pp. 35 – 54.

湾地区不但在概念上有可对应之处,在实体的操作面上也有具体的物像存在。[1]从 20 世纪 90 年代起,一些非营利组织便开展了对身心残障人士的职业训练,并开办福利工厂(又被称为庇护工厂)雇佣这些弱势群体就业,同时将生产的产品拿到市场进行销售。如喜憨儿社会福利基金会雇佣智障人士开设烘焙坊与餐厅并取得了良好的经济和社会效益,在这些成功案例的鼓舞下,更多的非营利组织开始思考如何通过商业活动创造收入,而不是将自身的生存仅仅依靠社会捐赠和政府补贴等外部资源,因此开始向社会企业转型。我国台湾地区有关部门也认识到社会企业在解决社会贫困促进社会融合等方面的积极功能,开始采取积极措施扶持和鼓励社会企业的发展。2014 年 9 月,我国台湾地区"经济部"推出《社会企业行动方案》,制定了在三年内孵化 100 家新创社会企业,协助 50 家社会企业参加国际论坛,完成 200 件社会企业辅导案例的目标,台湾当局更是投入 1.6 亿新台币来具体实施上述方案。

为了加强社会企业这一概念的可操作性,《社会企业行动方案》从广义与狭义两个角度对社会企业进行了界定。我国台湾地区"经济部"界定的广义的社会企业泛指通过商业模式解决特定社会或环境问题的组织,其所得盈余主要再投资于组织发展以持续解决特定的社会或者环境问题,而非仅为出资人或创办者谋取最大利益,社会企业既追求经济利润同时也追求社会利益,但以追求社会利益为主要使命;狭义的社会企业指以社会关怀或解决特定社会问题为企业的首要目的,并且组织当年利润的 30% 以上应实现特定的社会目的,剩余的利润才可以在股东或创办者之间进行分配的企业。我国台湾地区"经济部"对社会企业的这种广义和狭义的界定在内容上具有包容性,在实践中也具有良好的操作性,对于社会企业的认定和发展具有很好的指导意义。近年来,我国台湾地区也在酝酿制定"公益公司法"及"社会企业发展条例",前者主要受到英国社区利益公司及美国低利润责任有限公司的启发,后者则是为了顺应社会对于社会企业立法的期待。但很多台湾地区学者认为如果法律规范太过生硬可能会阻碍社会企业的起步与发展,因此现在出台相关"法律"还为时过早,对于社会企业的发展还是应遵循政策推动优先而"立法"为后的步骤。[2]

(二)社会企业在香港的发展与界定

香港将社会企业界定为通过商业运作赚取利润以贡献社会的企业,其所得盈

---

[1] 官有垣:"社会企业组织在台湾地区的发展",载《中国非营利评论》,社会科学文献出版社 2010 年版,第 148 页。

[2] 郑南、庄家怡:"社会组织发展的新形态——台湾社会企业的发展与启示",载《学术研究》2015 年第 9 期。

余用于扶助弱势群体、促进社区以及社会企业本身的发展。随着我国香港地区经济进入知识型经济时代,大量低学历的劳动者不但难以找到工作,即便找到工作工资也非常低,这种现象被视为"在职贫穷"。为了促进这些就业弱势群体的就业,使之从"受助"到"自强",早在2005年年初,香港特区政府便成立了跨部门的扶贫委员会,推行"以社区为本"的扶贫政策,倡导发展社会企业。香港社会企业大体可以分为社区服务社、合作社和有限公司三种类型。社区服务社是最早成立的社会企业类型,主要承担社区照顾、清洁和养老服务等事务;而合作社是社区服务社的高级形式,是目前香港最主要的社会企业形式,拥有相对完善的管理和运行规则,基本能够实现自负盈亏;有限公司形式的社会企业不享受政府提供的税收优惠,因为其承担了帮助弱势群体就业的责任,因此可以获得特区政府专门设立的社会企业基金的资助,但其经营过程中获得的利润不能全部被投资人占有。①

第四节 社会企业实践认定的国际比较

如同慈善组织一样,社会企业并非一种组织形式,而是一种法律身份或地位。对于社会企业自身来讲,社会企业的法律身份带来的不仅仅是由于其较高道德内涵而获得的消费者更高程度的认可,更重要的是会获得政府的补贴以及政府采购时的优先考虑,因此社会企业的法律身份类似于企业的无形资产,能帮助其在市场中获得竞争优势;对于政府来讲,因为社会企业以解决社会问题服务社会为存在目的,因此社会企业帮助政府分担了部分公共职责,政府愿意也应当给其相对于普通企业更优惠的扶持;对于社会公众和消费者来讲,社会企业传播了一种积极的理念,即资本和市场不再"唯利是图",在缓解贫困和促进社会公平领域同样可以有所作为。因此社会企业的法律身份无论是对于企业自身,还是对于政府和社会公众都具有重要的标识意义。而社会企业的立法界定只是对社会企业的本质特征进行了概括性的描述,实践中社会企业在登记注册时更需要具体的认定标准,因此很多国家都制定了社会企业认定的具体法律规则。比较不同国家关于社会企业实践认定的不同标准,可以帮助我们发现社会企业在实践中的多样性,尤其是理解不同国家利用社会企业解决各自经济与社会问题的不同思路。

从上文对各国社会企业立法界定的考察可以发现,社会企业的认定标准一般包括五个方面的因素:组织目标(服务于弱势群体或社区利益)、收入来源、利润分配(禁止或限制)和剩余资产处置、治理结构(公司式治理结构或民主式治理结

---

① 解韬、吴天青:"香港发展社会企业的经验及对广东的启示",载《残疾人研究》2013年第2期。

构)。组织目标标准和利润分配标准体现了社会企业的公益性和非营利性,收入来源标准体现了社会企业的商业性和市场性,虽然在具体的标准上不同国家存在差异,但绝大多数国家对社会企业的认定标准都体现了明显的非营利性。

一、组织目标标准

社会企业必须要追求社会目标,而社会目标本身的内涵和外延都是一个高度不确定的概念,因此绝大多数国家会对社会企业追求的社会目标进行限定,但是各国在对社会企业追求的社会目标进行限定时呈现出很大的差异。

有的国家对社会企业的社会目的限定得比较狭窄,将社会企业追求的社会目标仅仅限定在服务于弱势群体或为特殊群体创造工作机会或提供服务方面,绝大多数欧洲大陆国家以及亚洲的韩国采取该种限定模式。如芬兰的社会企业便是为残疾人和长期失业者提供技能培训和工作机会;意大利的 B 类型社会合作社的组织目标便是促进弱势群体的工作整合;波兰的工人合作社同样是由失业者和弱势群体成立;韩国根据不同的业务内容和服务对象将社会企业划分为不同的类型,其中的工作整合型社会企业要求社会弱势群体占员工总数的至少 50%,而社会服务型社会企业向弱势群体提供的社会服务应占企业业务总量的至少 60%。而且几乎所有的国家对弱势群体的界定呈现扩大的趋势,除了传统上的残疾人外,还包括了长期失业者、无家可归者、酒精和药物成瘾者、刑满释放人员以及难民等。因为残疾人在很多情况下需要的仅仅是政府的生存保障义务和社会的救助责任,而长期失业者、无家可归者、酒精和药物成瘾者、刑满释放人员以及难民等难以在主流就业市场找到工作,在没有就业和生活保障的情况下对社会造成的危害更为严重,因此各个国家普遍将这些社会群体纳入弱势群体的范围,希望社会企业能够在为他们提供就业培训和工作整合方面发挥积极的作用。

还有些国家则将社会企业的社会目标限定在范围较广的社会公共服务领域,社会福利、健康、教育、教学和专业培训、环境和生态保护、文化遗产发展等都可以成为社会企业的社会目标。如英国的社区利益公司和加拿大的社会贡献公司追求的都是比较广泛的"社区利益"。只有美国的社会企业情况比较特殊,法律对于社会企业追求的社会目的未作任何限制,美国的四种社会企业形式可以自由决定追求的社会目标。

一般来说,社会企业追求的社会目的范围的广泛程度与社会企业能够享受的政府补贴和扶持密切相关,通过对上述各国社会企业的立法界定和认定标准的考察,可以发现为弱势群体提供就业机会的工作整合型社会企业是普遍存在于世界各国的社会企业类型,而且享受的政府扶持和补贴力度最为优厚。而美国的社会企业因为追求的社会目的最为广泛,因此不享受任何政府扶持。

二、收入来源标准

社会企业应当主要通过自己的业务活动获取收入并维持自身的生存和发展,这区别于以接受外部捐赠为组织存续条件的慈善组织。社会企业也可以接受捐赠,但不能依赖于捐赠作为主要收入来源。为了强调社会企业的这种经营性,并区别于以接受外部捐赠作为收入主要来源的慈善组织,一些国家甚至规定了社会企业自身经营收入应占其总收入的一定比例。如意大利法律规定社会企业来自于自身经营的收入应占总收入的 70% 以上,芬兰法律也要求社会企业来源于商品销售或服务的收入至少应占总收入的 50% 以上,而立陶宛则规定了社会企业来自于非经营性活动的收入不超过总收入的 20%,韩国则规定社会企业在申请社会企业认定前 6 个月来自于自身业务经营的收入应不低于企业工资总额的 30%。这些国家之所以规定自身经营收入必须达到社会企业总收入的一定比例要求,是因为这些国家的社会企业享受比较优厚的政府补贴待遇,如韩国的社会企业可以享受政府的工资补贴和员工培训补贴,为了防止这些社会企业过度依赖政府的补贴而丧失市场竞争能力,便通过立法规定社会企业的收入来源比例。

但大多数国家只规定社会企业应进行生产经营活动,但对于收入来源占企业总收入的比例并没有硬性的要求。尤其是在以合作社为社会企业法律形式的国家对商业活动收入占企业总收入的比例都未做规定。

三、利润分配标准

社会企业能否进行利润分配是确定社会企业认定标准中的一个最为核心的问题。这一问题的解决需要考虑两方面的因素:一是虽然社会企业的创办者是为了实现特定的社会目的而创办社会企业,但作为私人主体的社会企业创办人同时也有自己的利润追求,因此立法需要协调社会企业创办者的经济目的和社会目的之间的平衡,处理的原则应当是在确保社会企业实现社会目的的同时,要尊重其创办者的经济利益要求;二是社会企业区别于传统营利性企业的价值和功能在于其社会性,即社会企业追求特定的社会目的,但社会企业的社会目的是一个高度不确定的概念,虽然很多国家通过立法对社会企业的社会目标进行了限定,但这种限定并不能够完全保证社会企业在经营过程中真正追求社会目的,而完全有可能打着服务社会目的的幌子而赚取巨额利润,因此社会企业的利润分配应当受到限制,以避免社会企业追求利润最大化而偏离社会目的,同时能够确保社会企业的利润能再投资于组织和社区的发展,真正实现社会目标和公共福利。

对于社会企业能否进行利润分配,不同的国家出于不同的考量和利益权衡,主要存在以下三种模式。

第一种模式是不允许社会企业进行利润分配。这些国家将社会企业视为纯粹的非营利组织,社会企业经营活动获得的利润要全部用于社会目的,不允许在股东或创办者中进行分配。因为合作社在传统上被视为典型的非营利组织,因此在采取合作社法律形式的国家,社会企业都不允许进行利润分配,如西班牙的社会倡议合作社、葡萄牙的社会团结合作社以及波兰的社会合作社都被要求储存所有的盈余用于合作社的活动,不得在成员之间进行盈余分配。

第二种模式是允许社会企业进行利润分配,但对利润分配的上限进行限定,但对于利润分配限定比例的高低,各国会根据本国的具体情况作出不同的规定。如英国法律规定社区利益公司的股东进行利润分配的累计总额不能超过公司可分配利润总额的35%。韩国规定其社会企业最多可以分配企业利润总额的1/3,用于社会目标的企业利润不得低于利润总额的2/3。

第三种模式是社会企业可以进行不受限制的利润分配,这主要适用于工作整合型社会企业和不享受任何政府优惠和扶持的社会企业。如与欧洲绝大多数国家的规定不同,芬兰的社会企业在利润分配上不受任何限制,芬兰的社会企业之所以可以自由地进行利润分配,是由其社会企业的定位决定的,芬兰的社会企业就是指为残疾人和长期失业者提供工作机会的企业,而对于这类工作整合型社会企业,芬兰政府并没有如其他国家那样给予非常优惠的补贴和扶持措施,在缺乏政府优惠和扶持的情况下,为弱势群体提供工作整合的社会企业本身的盈利能力就很弱,因此芬兰允许其社会企业可以进行不受限制的利润分配。而美国的社会企业更为特殊,美国的四种社会企业法律形式中,除了低利润有限责任公司外,公益公司、弹性目标公司和社会目的公司的利润分配都不受限制,与利润分配不受限制相对应的是,这些社会企业法律形式与普通营利性企业一样,不享受任何政府扶持措施或优惠待遇。

四、剩余资产处置标准

社会企业终止或解散时,其清算后的剩余资产如何处置?该问题与是否允许社会企业进行利润分配是一个密切相关的问题,世界各国同样形成三种不同的处理模式:

第一种模式将社会企业视为非营利组织,因此社会企业的资产性质上属于社会公益财产,自社会企业成立之日,其资产就已经归属于社会,企业终止时的剩余资产自然不得由投资人或创办者收回,而应转交给具有相同或相似社会目的的社会企业或慈善组织。如英国的社区利益公司便采取该模式,尽管社区利益公司可以进行一定的利润分配,但其注销时的剩余资产却只能由其他社区利益公司或慈善组织接管,并用作社区用途。

第二种模式是社会企业的投资人或创办者可以收回一定比例的剩余资产。该种模式充分考虑了社会企业兼具营利性组织和非营利组织的特性,允许社会企业创办人收回特定比例的剩余资产。如加拿大的社区贡献公司允许股东分配公司利润总额的40%,在解散时也允许股东收回公司剩余资产的40%,其余60%的剩余资产必须转交给其他的社区贡献公司、慈善组织或非营利组织。波兰社会合作社的创办者可以收回剩余财产的20%。韩国规定社会企业在解散时,剩余资产的1/3可以由投资者收回,另外的2/3必须捐赠给其他社会企业或公共基金。

第三种处理模式是社会企业在终止时可以自由处置其剩余财产,这与对普通营利性企业的规定相同,如西班牙、葡萄牙、法国和希腊等国。美国的四种社会企业形式除了允许其董事会成员在做决策时可以考虑社会利益外,在其他方面与普通营利性企业没有任何区别,投资人在遵守公司法的前提下,可以自由处置公司终止时的剩余资产。

一般来说,如果社会企业的利润分配受到限制,其注销后的财产处置同样也会受到相应的限制,不允许社会企业进行利润分配的国家一般也不允许社会企业创办人在企业终止时收回其剩余资产,而规定社会企业的剩余资产应转交给其他具有相似社会目的的社会企业或慈善组织或直接由政府接管,允许社会企业进行一定比例的利润分配的国家也同时允许社会企业在终止时其创办人可以分配一定比例的剩余资产,对社会企业的利润分配不做任何限制的国家自然对其终止时剩余资产的处置不做限制,可以由社会企业创办人收回。比较特殊的是英国的社区利益公司允许股东分配公司利润总额的35%,但在公司注销时却要求公司所有的剩余财产转交给其他社区利益公司或慈善组织。

五、治理结构标准

社会企业的治理结构与其采取的组织形式密切相关,合作社形式的社会企业一般采取的是民主式治理结构,在决策机制上采取一人一票原则,采取民主式治理结构的社会企业注重利益相关方(如消费者和企业雇员)对企业决策和管理的参与,欧洲大陆国家的社会企业主要采取合作社法律形式,因此十分强调社会企业的民主治理结构,并且不同国家对社会企业民主管理的要求和标准也呈现各自的特点。如意大利规定社会企业的员工和服务对象及其他受益者应通过信息咨询或其他方式来参与企业的决策过程。法国的集体利益合作社要求理事会中应有员工和受益人代表。而且为了防止资本决原则阻碍企业民主决策机制的实现,法律还会对社会企业中股东或会员的投票权进行限制,如比利时规定社会目的的公司中每个人的投票权最高是 10%。[1]

采取公司式社会企业的国家一般对社会企业的治理结构没有特殊的要求,社会企业采取的是与普通企业相同的治理方式。如英国的社区利益公司和加拿大的社会贡献公司都对公司的治理结构没有特殊要求,完全可以根据本国公司法规定的公司治理结构对公司进行管理。该种模式的治理结构为社会企业的管理提供了较大的自由度,其最大的优势在于能够帮助社会企业吸引包括股权投资在内的各种社会投资。

六、社会企业认定标准的适宜性

通过上文对社会企业认定标准这五个因素的考察,可以发现不同国家对社会企业的认定标准存在相当大的差异。欧洲大陆国家和亚洲的韩国关于社会企业的认定在这五个标准上基本都有考量;英国和加拿大的社会企业只强调企业的组织目标和利润分配以及资产处置,对于企业的治理结构则没有特别的要求;而美国的四种社会企业形式除了要求公司具备特定的社会目的外,在利润分配、资产处置和治理结构方面没有任何特殊规定。

社会企业的认定标准太过严格会阻碍社会企业的注册和发展,而过于宽松的社会企业认定标准则无法体现社会企业与普通营利性企业的区别,从而导致社会企业失去其特性和特有的功能。意大利的"社会合作社"和英国的"社区利益公司"由于采取了适宜的认定标准,因此在很短的时间内便吸引了相当多的社会企业在政府管理机构登记注册,员工数量也十分庞大。而在法国等国,由于社会企业的认定标准过于严格,而且获得认定的社会企业又缺乏相应的优惠政策,导致社会企业很少登记。因此适宜的社会企业认定标准对于社会企业的成长和发展至关重要。当然社会企业的认定标准是否适宜主要应考虑本国特有的经济、政治、社会以及文化背景和现实,因此关键的问题是了解不同类型社会企业各自的特点和功能以及优势是什么,然后结合本国需要解决的社会问题来有针对性地制定本国社会企业的认定标准。

社会企业的社会性即社会企业必须服务于特定的社会目的是社会企业的核心价值所在,也是社会企业区别于普通营利性企业的本质因素,因此在社会企业的立法界定和认定标准的制定过程中,必须确保社会企业以实现社会目标为使命。社会企业追求的社会目标或社会使命可宽可窄,每个国家应当根据本国的经济与社会发展需求对社会企业追求的社会目标进行范围的限定,如限定在较狭窄的促进弱势群体就业的工作整合领域,或者限定在相对广泛的社会服务领域。但

---

[1] 王世强:"社会企业的官方定义及其认定标准",载《社团管理研究》2012 年第 6 期。

如果对社会企业的社会目的不做任何限制而由企业自身来决定和解释的话,则可能会混淆社会企业与普通营利性企业之间的区别,美国的四种社会企业法律形式便由于其追求的社会目的的宽泛性并且在认定标准上没有其他特殊要求,因此影响了这些社会企业的可识别性。

尽管法律可以对社会企业追求的社会目的进行限定,但由于社会目的是一个弹性太大的概念,为了防止社会目的被任意解释以及社会企业偏离社会目的,还应当对其利润分配和资产处置进行限制。规定社会企业不能分配利润,或者至少限制其分配利润,这可以为社会企业的员工和外部捐赠者提供明确的信息,即社会企业是为社会使命而存在的。如意大利、拉脱维亚、西班牙、波兰和葡萄牙的法律都规定,社会企业或合作社都不可以分配利润。限制社会企业注销后的资产处置,即"资产锁定"原则,可以避免社会企业的管理者或成员在社会企业清算时转移或侵吞企业资产,但政府必须要对社会企业的终止过程进行必要的监管,否则社会企业的"资产锁定"原则将会落空。

鉴于社会企业的认定标准中能真正体现和保持其社会性的是社会企业追求的社会目的、利润分配以及资产处置这三个因素,因此社会企业立法应当对这三个因素进行明确的规定,另外两个标准如治理结构和收入来源因素,不同的国家可以对其赋予不同的权重和取舍并进行不同的组合,从而确保社会企业的立法界定和认定标准能够符合本国的现实需求,从而更好地发挥社会企业对本国经济与社会发展的促进功能。

第四章 社会企业的政府补贴与监督

社会企业服务于特定的社会目的,如促进健康和教育事业、环境和生态保护、文化遗产保护以及为弱势群体提供就业机会和就业培训等,这些领域传统上属于政府公共职能的范围,社会企业实际上协助政府履行了部分公共职能,这为政府对社会企业提供补贴以及其他支持措施提供了法理依据,存在社会企业立法的国家都根据本国社会企业的具体情形制定了不同内容和不同程度的支持措施,以促进社会企业的健康发展并更好地发挥社会企业服务社会的功能。但社会企业在追求社会目的同时还追求自身的经济利润,如何在追求经济利润的同时不偏离其社会目标和使命,是一个两难问题,[1]这就为政府监管和社会监督提供了必要性和合理性。社会企业突破了传统的市场、政府和社会三个部门之间的边界,实现了社会目的和市场手段的有机融合,因此能够发挥上述任何单一部门都无法实现的社会功效。当然,社会企业的优势并不体现在其经济效益上,而是体现在其社会效益上,即将市场的方式和手段引进社会领域,利用市场特有的高效性和创新性解决社会问题。确保社会企业的社会性和公益性是社会企业监管的核心问题。

第一节 社会企业的政府补贴

社会企业除了能在市场竞争中由于内含的道德因素而获得消费者更高程度的认可外,还会获得来自政府的补贴以及其他支持措施。社会企业服务于特定的社会目的为政府对其进行补贴与提供其他支持提供了正当性和合理性,但政府对社会企业的补贴应当保持必要的限度,以防止对公平竞争的市场环境造成破坏。

---

[1] 沙勇:"社会企业:理论审视、发展困境与创新路径",载《经济学动态》2014年第5期。

一、政府对社会企业进行补贴的合理性

一般意义上的政府补贴是指政府或其他公共机构出于促进经济发展、保证经济公平的目的,对经济活动中的企业或个人提供的无偿的财产性资助。政府补贴既可以采取积极的给付型,如直接对受补贴对象进行财政补贴,也包括消极的减免型,如减免受补贴对象应承担的纳税义务或其他应向政府缴纳的费用。[1] 经济领域的政府补贴主要目的在于保护或扶持特定产业的发展,以保护该产业免受国际市场的冲击或帮助其获得更好的竞争优势,前者如对农产品的补贴,后者包括对新能源产业的补贴等。经济领域的补贴由于易对正常的价格形成机制造成干扰并破坏公平竞争的市场秩序而备受争议,尤其是在国际经贸领域,政府补贴更是经常被作为各国的贸易保护措施而受到 WTO 规则的严格规范。但政府对社会企业的补贴不同于其在经济领域对普通营利性企业采取的补贴,两者的本质区别在于补贴的目的和出发点不同。政府对普通企业采取补贴的目的是促进特定产业的发展,着眼于经济增长,而政府对社会企业补贴的出发点在于社会企业与政府共同分担了部分公共服务职能,目的在于促进社会的和谐与公平。

政府、社会与市场的关系问题贯穿人类社会始终,并随着人类社会的发展而不断调整相互之间的关系,以共同促进人类的福祉与进步。传统经济理论认为,市场提供私人产品,政府负责提供公共产品,但公共产品和私人产品之间并不存在泾渭分明的界线,两者之间的过渡地带便是社会存在和发挥作用的空间。而且在公共产品的提供过程中,政府由于能力和资源所限,根本不可能完全靠自身来提供公民所需要的所有公共产品。而且,随着人类社会的发展和进步,公共产品的范围也越来越广泛,正如一位学者指出的:"随着人们的不断富裕,人们倾向于消费更多的公共产品——公共产品就像奢侈品一样"。[2] 公共产品已经从最初的国防与治安维护,到后来的教育与卫生资源的保障,再到现在的生态环境保护,而且还在呈现日益增长的趋势。在利益需求越来越多元化的现代社会,完全意义的纯公共产品趋于缩减,而准公共产品或俱乐部产品[3]的需求却随着经济社会的发展而呈现增长的势头。面对这一趋势,政府只能在提供核心公共产品并发挥其公共管理主体力量的基础上,动员和鼓励市场以及社会组织来共同参与社会治理和

---

[1] 王彦明,王业辉:"政府补贴的法理与规制进路",载《河南社会科学》2015 年第 12 期。
[2] 斯蒂格利茨:"政府为什么干预经济",中译本,中国物资出版社 1998 年版,第 38 页。
[3] 俱乐部产品是指虽然具有私人产品的基本特点,但却不十分强烈,且在一定程度上具有准公共产品的特征,其收益范围较小或有特定的规定,如通常的一些会员制的运动俱乐部、读书社和行业协会等。

公共产品的提供。① 而社会企业关注和服务的领域恰恰是政府由于能力限制而功能发挥不到位的公共服务领域,鉴于社会企业在应对社会问题和提供社会服务等方面的独特功能,欧洲国家以及亚洲的韩国都通过政府购买服务以及税收减免等措施给予社会企业高度的支持。②

二、社会企业政府补贴的限度

虽然政府对社会企业进行补贴具有不同于其对普通企业进行补贴的目的,但在补贴的作用和后果上两者却具有共同性。一方面,任何政府补贴都会降低受补贴的市场主体的经营成本并导致其市场竞争力的提高,从而人为地扭曲了价格信号的市场调节功能,破坏市场的公平竞争秩序;另一方面,无论是减免型还是给付型政府补贴,都是以减少政府的财政收入为代价,如果政府补贴行为背离其良好初衷,无疑是一种浪费公帑和损害社会全体民众利益的行为。③ 对于社会企业来讲,其虽然追求社会目的,但同时也追求自身的经济利润,而且有些社会企业还可以进行利润分配。因此当社会企业作为市场主体参与市场竞争时,如何防止社会企业因为享有过度的政府补贴而与其他市场主体形成不公平竞争,并防止造成对政府财政的不当浪费,是政府制定社会企业补贴政策时需要认真思考的问题。

政府对社会企业进行补贴应当保持在必要的限度内,这一限度的确定应当综合考虑社会企业的社会目的、对市场的参与程度和利润分配限制等因素。对于社会目的比较宽泛、深度参与市场竞争而且利润分配不受限制的社会企业,政府不宜进行补贴,如美国的四种公司形式的社会企业。对于以宽泛的社会目的深度参与市场竞争但利润分配受到限制的社会企业,政府应当进行较低程度的补贴或支持,如英国的社区利益公司虽然不享受政府补贴,但可以获得政府的其他支持,如政府采购时会优先选择社会企业作为供应商,而且社会企业的股东对来自于公司的分红享受所得税减免。对于具有特定的社会目的而且市场参与程度较低的社会企业,如专门为残疾人等社会弱势群体提供就业机会的工作整合型社会企业,政府则应提供较高程度的补贴,原因有两个方面:一是工作整合型社会企业帮助社会缓解失业问题,从而减轻了政府承担的失业救济的负担;二是这类社会企业对市场竞争的参与程度较低,因此政府的高补贴并不会对市场的公平竞争环境造成损害。

---

① 王臻荣:"治理结构的演变:政府、市场与民间组织的主体间关系分析",载《中国行政管理》2014 年第 11 期。
② 徐晓新、张秀兰、余晓敏:"公益类事业单位改革:来自社会企业的启示",载《北京师范大学学报(社会科学版)》2013 年第 5 期。
③ 王彦明、王业辉:"政府补贴的法理与规制进路",载《河南社会科学》2015 年第 12 期。

政府对社会企业的补贴与支持程度还与社会企业的认定标准相关联,一般而言,社会企业的认定标准越严格,其享受的政府补贴与支持力度也越大,如韩国的社会企业具有非常严格的认定标准,因此享受的政府支持也比较大,而美国的社会企业由于没有特定的认定标准,在运营过程中几乎不享受任何政府补贴与支持。

三、社会企业政府补贴与支持的具体措施

政府对社会企业进行补贴的方式包括税收优惠和直接的财政补贴以及应缴费用的减免,除此之外,社会企业还可以享受政府采购中的优先考虑等其他形式的支持措施,不同国家会根据本国社会企业发展的具体情况确定对其补贴与支持的措施和力度。

(一)社会企业的税收优惠

欧洲大陆国家一般禁止合作社形式的社会企业进行利润分配,而是鼓励其将业务收入用于促进社员的社会整合和专业水平提升上,与此相对应,政府也给社会合作社税收优惠政策,从而保证合作社能有更多的收入用于业务的扩展。如意大利的社会合作社可以享受税收优惠,希腊的有限责任社会合作社可以免缴企业所得税,波兰的社会合作社可以免交所得税。

与欧洲大陆国家对社会合作社给予税收优惠不同,英国的社区利益公司和加拿大的社区贡献公司不享受任何税收优惠待遇。而慈善组织的收入免缴所得税,捐赠者对慈善组织的捐赠也可以享受税收抵扣优惠。因为社会企业比纯粹的慈善组织介入市场竞争的范围更广、程度更深,而且社会企业的股东可以按照法律的规定进行利润分配,因此社会企业不享有慈善组织所享有的税收优惠。相反,它们应同普通营利性公司一样缴纳收入税和增值税。因为未享受税收优惠,社区利益公司可以寻求英国政府专设的社会企业投资基金以及国家彩票基金的资助。此外,英国社会企业主管部门——工业与贸易部所属的社会企业局正在考虑利用银行休眠账户的资金来为社区利益公司提供资金支持,社会企业组成的团体也在为寻求税收优惠而向英国议会展开积极的游说。

(二)社会企业的财政补贴

很多国家会对本国的社会企业采取各种形式的财政补贴,如德国社会企业的主要形式是工作整合型社会企业,政府直接为其提供工资补贴。希腊的有限责任社会合作社不必为其员工支付社会保险费用,政府直接用财政资金补贴该社会保险费用。芬兰的社会企业在履行了劳动法、社会保障法和税法等方面的义务的前提下,可以获得政府的特别补贴,如政府会对雇佣残疾人或长期失业者的社会企业给予2~3年的"工资相关补贴"。立陶宛的社会企业同样被定

义为为残疾人或长期失业者提供工作机会,以协助这些社会弱势群体重新回归劳动力市场,重新融入社会和减少社会排斥。因此,立陶宛政府对这些社会企业给予工资、培训费用和社会保险费用的补贴。而韩国政府除了对其社会企业提供经营管理咨询和政府采购中的优先购买等支持外,更是给予设施费补助、社会保险费补助以及失业开发费补助等。[1] 波兰的社会合作社可以得到劳工基金和地方政府的资金支持,而且建立社会合作社的个人,可以得到12个月的社保缴费补助。

(三)政府采购中的优先选择

政府采购是指一国政府部门或受政府控制的实体为了实现公共产品的供给,使用公共财政资金在开放的市场上获取货物、工程和服务的交易行为。政府采购制度是在"二战"后,随着凯恩斯国家干预主义理论的广泛影响而逐渐兴起。凯恩斯主张国家应加强对经济的干预,其中的干预方式之一就是通过增加公共产品的供给而刺激需求,从而拉动投资并促进经济的发展。在公共产品的供给方面,政府有两种模式可以选择:一种是组建国有企业或公用企业直接供给;另一种是在开放市场上通过与私人订立采购合同的方式完成对公共产品的供给,这便是政府采购。因为政府直接提供公共产品容易产生浪费和无效率,政府采购制度则通过引入市场的竞争机制而有效地避免了这一缺陷,因此政府采购如今已经成为很多国家提供公共产品的主要方式。[2]

政府采购的目的是为社会公众提供公共产品和服务,这与社会企业的社会目的具有内在的契合性,因此,政府采购应优先选择社会企业作为供货方就具有法理和逻辑上的正当性,很多国家甚至通过制定专门的法律规定政府采购中应优先选择社会企业提供的产品或服务。如韩国已经从2009年起将购买社会企业的产品或服务的比重作为地方政府的绩效考核指标之一,这一规定使得地方政府在公共采购中必须选择社会企业的产品,通过这种方式可以为社会企业提供更多的交易机会。英国议会也于2012年通过了《社会价值法案》(Social Value Bill),该法案要求政府在购买公共服务时要优先选择社会企业或其他社区组织。在法律与政策的支持下,英国政府每年委托或购买的公共服务中有11%的比例是由社会企业提供的。

---

[1] 金仁仙:"韩国社会企业发展现状、评价及其经验借鉴",载《北京社会科学》2015年第5期。
[2] 王克稳:《经济行政法基本论》,北京大学出版社2004年版,第190~191页。

第二节　社会企业的政府监管

尽管社会企业追求并服务于特定的社会目的,但其企业化运营模式还是让公众对其公益性地位以及商业经营的正当性产生怀疑,有学者甚至担心引入社会企业的概念既会影响非营利机构的公信力,也会影响市场组织的竞争规则。从各国社会企业的发展现实来看,公众的质疑和学者的担忧并非多余。可以说,没有对社会企业的法律规范,就不会有社会企业的健康发展。对社会企业的法律规范既包括对其进行明确的法律界定与认可,更包括对社会企业设定科学合理的政府监管。[①] 政府作为公共利益的最终守护者对于社会企业的设立、运营到终止的整个过程都要进行全方位的、深入的监管,但按照现代法治国家、法治政府的基本理念,政府对社会企业进行监管必须有明确的法律授权,并严格依照法律授权的范围进行。因为只有权力受到限制的政府才可能是有效率的政府,行政权力的膨胀和宽泛,行政行为所及界域的模糊,由此所带来的必然是行政责任不明确以及行政目标的虚化,其结果必然是行政资源的流失和行政能力的退化。[②] 因此,政府对社会企业进行监管的合理性基础是什么? 政府对社会企业监管的具体情形以及监管的方式和手段是什么? 这些都是科学设定社会企业政府监管机制要解决的核心问题。

一、国家与社会关系视角下的社会企业自治与政府监管

马克思经过对人类社会的历史考察,将人类社会分为市民社会(公民社会)和政治社会(国家),社会或市民社会是人类基本的组织形式,是与人类相始终的,而国家仅仅是人类社会发展到阶级社会之后的产物,国家最终会灭亡,而国家灭亡的过程就是人类回归社会的过程。关于两者之间的隶属关系,马克思主义经典作家认为:社会是国家赖以产生的基础,国家起源于社会,因此从本质和根源上说社会决定国家,然而在阶级社会中,作为阶级统治工具的国家却凌驾于社会之上并控制着社会。[③] 马克思认为国家是阶级矛盾不可调和的产物,政治学说同样认为国家是人类社会的一种不得已的恶,其存在的主要作用在于维护社会秩

[①] 董蕾红、李宝军:"社会企业的法律界定与监管:以社会企业参与养老事业为分析样本",载《华东理工大学学报(社会科学版)》2015年第4期。
[②] 杨海坤、章志远:《中国特色政府法治论研究》,法律出版社2008年版,第201~202页。
[③] 俞可平:"让国家回归社会——马克思主义关于国家与社会的观点",载《理论视野》2013年第9期。

序和公共利益。国家产生以后便凭借强大的国家机器对社会进行控制,但这种控制并非是无孔不入的,因为国家并不具备完全控制社会的能力,因此社会在很大程度和范围内形成了自己的自治空间,这一自治空间免予国家的无端干涉。

社会自治有利于充分调动社会的积极性和创造性,并有助于缓解政治国家的压力和问题,但社会自治功能得以充分实现的前提是社会自治体具备完全理性,而社会自治体存在的负外部性和内部失灵的缺陷使得其具备完全理性仅仅是一种"美好的幻想"。社会自治体存在的是一种有限理性,而理性的有限性导致社会自治体不能完全依赖理性达致良善的自治秩序。因此,需要由国家、政府对社会自治行为实施引导、规范、禁止和惩戒等监管措施。可以说,适度的政府控制和干预可以防止社会自治的两个缺陷,使社会自治的政治价值得以实现。[1] 正如马克思所主张的:在自由人的联合体中,良善的社会生活也需要一定的权威承担控制职能。[2]

马克思主义理论和西方经典政治学说为政府对社会企业进行监管提供了理论依据。社会企业作为社会组织与市场相结合的产物,其典型的特征是自治性,组织自律应成为社会企业运作的基础,但社会企业作为社会自治体的成员同样具备负外部性和内部失灵,因此需要作为政治权威的政府以社会公共利益的名义对其实施监管。

二、社会企业政府监管的必要性和特殊性

(一)社会企业政府监管的必要性

首先,社会企业本身既追求社会目的又追求经济利润,这使得社会企业同时具备了"道德人"和"经济人"的双重基因,更重要的是社会企业又是由具有谋利倾向的个人控制的,社会企业固有的这种"道德人"与"经济人"的紧张关系使得其既可能成为造福天下之公器,也可能沦落为个人藏私之利器,[3]因此社会企业的"社会性"或"公益性"与内部控制人的"谋利倾向"之间的矛盾决定了社会企业的运营活动需要恰当的外部监管,以防止社会企业偏离公益宗旨,假借公益之名行利己之实。其次,社会企业能够享受普通企业无法得到的政府补贴和其他支

---

[1] 安建增:"对社会自治施以控制的正当性及其边界——基于国家与社会关系的分析",载《河南师范大学学报》(哲学社会科学版)2012年第2期。
[2] 马克思,恩格斯:《马克思恩格斯选集:第3卷》,人民出版社1995年版,第227页。
[3] 税兵:"基金会治理的法律道路——《基金会管理条例》为何遭遇'零适用'?",载《法律科学(西北政法大学学报)》2010年第6期。

持政策,为了防止社会企业不当使用政府的补贴,政府应当对其进行监管。再次,大多数社会企业的利润分配和剩余资产处置都受到法律限制,如果没有外部监督尤其是政府监管,这种限制在实践中将会成为一纸空文。而且按照有些国家对社会企业的制度设计,社会企业的财产属于"社会公益财产",政府应当作为公共利益的代表来行使保护社会企业财产的职责,防止由于社会公益财产所有权主体的虚化而被侵占或私分。正是由于上述原因,政府对社会企业进行监管就具备了必要性和合理性,甚至可以说,严格的政府监管与社会企业的公信力之间成正比例关系,监管越严格,社会企业的腐败和违规行为就越少,社会企业就能获得更高的公信度并保持健康发展。

(二)社会企业政府监管的特殊性

政府对社会企业的监管既不同于其对营利性企业的监管,也不同于对传统的非营利组织如慈善组织的监管。政府对营利性企业的监管属于市场宏观调控的范畴,微观的单个企业的设立、运营和终止则交由市场竞争来解决,政府不进行干预。政府对非营利组织如慈善组织的监管则既包括宏观性指导,还包括对慈善组织内部运作的介入和干预,如政府慈善监管部门可以解除或撤销慈善组织董事等高级管理人员的职务,财团型慈善组织的章程修改、合并以及解散等事项需要主管政府部门的许可,政府监管可以介入慈善组织的内部治理领域。而社会企业由于兼具营利性企业的运营模式与非营利组织的社会目标,因此政府对社会企业的监管既不属于对营利性企业的宏观监管,也不能过于介入企业的内部自治等微观领域,而应在这两种监管模式之间达到一种平衡。政府对社会企业进行监管的目的在于保护社会企业的"社会承诺与使命"不受"营利手段"的侵蚀,因此社会企业政府监管的设立和行使都应以此为界。

三、社会企业设立阶段的政府监管

如同慈善组织一样,社会企业是一种特定的法律身份,要获得这一法律身份的组织必须满足法律规定的特定条件,并经过特定的法律程序进行社会企业认定,获得社会企业认定的组织才可以以社会企业名义开展生产经营活动,并能享受政府赋予的各种补贴和支持。因此拥有社会企业立法的国家除了规定社会企业成立应当满足的实体条件外,还规定了专门的政府部门和法律程序来负责对社会企业进行认定。

1. 社会企业认定和监管的主体

社会企业的监管机关同时负责对社会企业进行认定,关于社会企业的认定和监管主体,世界上主要有两种模式,一种是由劳工部作为社会企业的监管主体,尤其是对于工作整合型社会企业;另外一种是成立专门的社会企业监管部门,如英国的社会企业局。

由于大多数社会企业都把解决弱势群体就业问题作为自己的社会目的之一,因此很多国家将劳动部作为社会企业的认定和监管部门。如韩国的社会企业由劳动部负责认定和登记,劳动部组织包括政府官员、学者和社会福利领域的非政府组织的从业者三方组成的"社会企业推动委员会"来负责对社会企业进行审核认定,未获得"社会企业推动委员会"认定的组织不得以社会企业名义进行活动。芬兰也是由劳工部负责对社会企业进行认定与监管,社会企业必须符合劳工部规定的特定条件和经营规则才可以获得认定。

英国和日本则是成立专门的政府机构来负责对社会企业进行认定和监管。为了规范和支持社会企业的发展,英国于2001年在贸易和工业部内组建了社会企业局。社会企业局对社会企业进行"社区利益测试",通过该测试的组织便可以被认定为社会企业,并到公司注册登记部门进行社区利益公司登记。除了对社区利益公司进行认定外,社会企业局还被赋予广泛的监管权力,以确保社区利益公司能真正服务于社区利益,如对涉嫌违法违规运作的社区利益公司的调查权,对于有违规行为的社区利益公司的董事或经理可以直接进行罢免并进行新的任命,在社区利益公司没有实现预定的社区目标的情况下可以撤销其社会企业的认定等。

日本1998年制定的《特定非营利活动促进法》解决了包括社会企业在内的非营利组织的法律地位问题,并将之前由中央政府享有的非营利组织的资格认定和登记权力交给地方政府,因此在很大程度上便利了非营利组织的注册。但由于该部法律对"社会公共利益"和"社会福利企业"没有明确的认定和判断标准,导致日本民众对社会企业的信任度不高。因此关键的问题在于成立一个新的权威机构来对包括社会企业在内的非营利组织的"社会公共利益地位"进行认定。经过政府与私人部门的专家、从业者以及研究人员多年调研,日本议会于2006年6月2日通过了三部新的法律:《一般社团和基金会法》《公共利益社团和基金会登记法》《社团和基金会登记程序法》,该三部法律于2008年12月实施,根据这三部法律的规定,任何组织无论是否具有慈善目的,只要不以追求利润为目的而运作,都可以被认定为社会公益企业即社会企业。在这三部法律实施之前的2007年4月,内阁办公室建立了模仿英国慈善委员会的公共利益咨询委员会,该委员会由7名成员组成,在征得议会上下两院同意的情况下由首相指定,其成员大部分是兼职的,来自于不同领域包括法律、会计、商业、健康与福利、艺术与文化以及非营利部门的专家。公共利益咨询委员会首要的职责便是判断一个组织能否被授予社会公共利益公司的地位。[①]

2. 社会企业的认定和注册程序

社会企业的认定和注册是两个不同的法律问题,适用不同的程序。社会企业的认定解决的是社会企业的法律地位问题,获得认定的社会企业可以享受政府的各种补贴和支持并遵守特定的法律义务;而社会企业的注册解决的是其法律主体资格问题,社会企业作为一种企业形式无论是采取公司组织形式还是合作社组织形式,都应到相应的政府主管部门进行企业登记注册,只有获得登记注册的企业才可以自己的名义从事包括生产经营在内的各种活动,并独立承担法律后果。至于是先进行社会企业法律地位的认定还是先进行企业登记注册,这两种选择并没有实质性区别。

以英国的社区利益公司的认定和登记注册程序为例,社区利益公司先到工业与贸易部的社会企业管理局申请社会企业认定,在申请时应提交一份描述其组织目的的《社区利益报告书》,其中包括由公司未来董事签署的"社区利益声明",以保证社区利益公司的成立是为了服务于社会而不是私人利益。《社区利益报告书》中要说明其可以通过社区利益测试的理由,描述将来为了实现社区利益而计划开展的活动。社会企业管理局组织公益领域的学者、从业人员和政府官员来对该公司是否能够符合或达到其描述的"社区利益"进行认定,认定时考虑的重点问题包括建立社区利益公司的目的、公司的活动内容和范围以及公司的服务对象和受益群体。

由于市场经济本身的多样性和社会目的的广泛性,可以通过"社区利益测试"的活动内容和范围非常广泛,几乎存在于社会的各个领域,既包括教育培训、儿童托管、卫生保健、休闲和社区服务、环境保护、公平贸易等传统的非营利领域,也包括房地产、金融和其他专业服务等私营部门领域。当然,社区利益测试并不意味着社区利益公司开展的每一项活动都要与社区利益直接相关,而仅仅要求社区利益公司开展的活动应朝着使社区受益的方向努力。例如,一个公司的业务内容是生产和销售一种特殊产品,只要该公司将销售该产品的利润捐给慈善组织或服务于社区建设,该公司就可以被认定为社区利益公司,因此社区利益公司的认定侧重于公司的利润去向是否服务于社区,而公司的业务内容却并不是社区利益测试中的关键问题。

通过社会企业管理局的社区利益测试后,申请人再到英国公司登记注册主管部门——工业与贸易部的公司之家进行注册登记,获得公司登记注册证书后的社

[①] Rosario Laratta: "the Emergence of the Social Enterprise Sector in Japan". International Journal of Civil Society Law. Vol. IX, No. 6, 2011, pp. 35 – 54.

区利益公司便可以开展业务活动。

四、社会企业运营阶段的政府监管

社会企业在成立后的运营过程中要始终满足其成立时的认定标准,为了防止社会企业偏离其社会目标,同时防止社会企业内部控制人员侵吞社会企业的财产,社会企业在运营过程中更需要政府的监管,监管的内容是社会企业是否实现了预期的社会目的,对于利润分配受限制的社会企业还要监管其利润分配是否符合法律规定以及是否进行了变相的利润分配,这主要通过社会企业的年度报告制度来实现。而社会企业的经营活动为其内部控制人进行利益输送交易提供了可能,由于社会企业接受来自政府的补贴等各种支持,社会企业的利益输送交易完全有可能使政府的补贴沦为个人的私利,因此社会企业运营过程中的利益输送行为应当成为政府监管的重点,政府应当建立有效的监管机制来预防社会企业的利益输送行为,并建立相关的损害补偿机制和责任追求机制。

(一)社会企业的年度报告制度

社会企业向监管机关的年度报告制度是政府对社会企业进行监管最为常规和普遍的手段,社会企业应当在每年的特定时间向监管部门提交年度报告,年度报告包括两大内容:财务报告和社会报告。如英国的社区利益公司每年须向社会企业局提交年度报告,年度报告包括财务报告和社区利益报告,财务报告包括公司的经营状况、董事薪酬和利润分配内容,而社区利益报告则描述公司为实现社区利益做的工作和目标群体的受益情况。监管机关社会企业局对社区利益公司的财务报告和社区利益报告分别进行审查。意大利法律同样要求社会企业每年向监管部门提交两份报告:财务报告和社会报告。社会企业的财务报告必须提交真实和公允的资产、负债、财务和盈亏状况,还应包括管理人员的薪酬;社会报告的内容包括社会企业的社会目标和为实现社会目标从事的活动、社会企业的组织和治理结构以及理事会的相关信息。

政府监管部门根据社会企业提交的年度报告,对社会企业的经营状况和实现社会目标情况进行检查,检查的重点是社会企业的利润分配是否遵守法律的规定,是否为实现其预定的社会目标而开展活动,以及为实现社会目标做出的贡献。为了防止社会企业通过增加薪酬的方式分配利润,监管部门还会对社会企业董事等管理人员的薪酬情况进行检查,如根据意大利法律的规定,如果社会企业管理委员会成员的薪酬超过了同一领域商业公司相应职位平均薪酬的20%,就被视为是分配利润。① 如果在检查中发现社会企业不能满足其成立时的认定标准,将被撤销其社会企业法律地位的认定。另外由于对社会企业的年度财务报告进行审查时需要财务会计专业技能,如果政府监管部门不具有足够的专业能力来审查社会企业的财务报告的话,监管机关可以要求由独立的第三方审计机构进行审计,这样可以防止社会企业在财务报告中的弄虚作假行为。而对于社会企业的社会报告,由于社会利益所具有的宽泛性和模糊性,更需要由特定的程序来审查社会企业在实现社会目的方面是否与其描述相符,即社会企业是否为服务社会公共利益作出了真正的贡献,韩国的做法是成立由政府官员、非营利组织从业人员、学者和社会公众组成的专门委员会来对社会企业是否实现了其预定的社会目的进行审查。

(二)社会企业利益冲突交易的监管

1. 社会企业利益冲突交易的概念与规制的理论基础

利益冲突交易最初是产生于公司治理的一个概念,一般指上市公司的控股股东利用对公司的控制地位通过表面合法的交易将公司资产转移到自己控制的其他企业,从而侵害公司利益以及公司其他股东利益的行为。社会企业利益冲突交易是指社会企业董事等内部控制人向关联方输送利益的行为,此处的利益既包括物质利益也包括特殊之优待,如社会企业低价向利益方销售产品或服务,或者高价收购利益方的产品或服务。利益冲突交易与内部人交易、利益输送交易以及关联交易等术语属于相近的概念,在一般情况下可以通用。社会企业的内部治理与普通公司并无本质区别,也受到具体代理者行为失控的困扰,而且由于社会企业组织目标的复合性,其相比于普通营利性公司受到利益冲突交易困扰的程度更为严重。

利益冲突理论是利益冲突交易禁止规则的理论基础,而利益冲突理论的基础则是代理人或受托人应遵守的忠诚义务和注意义务即信义义务。根据委托—代理理论,公司董事或理事以及其他管理人员对公司负有忠诚义务,对公司的事务负有注意义务。忠诚义务意味着公司董事等管理人员不得利用职务之便捞取个人的不当利益,即内部交易和关联交易的禁止,所要解决的核心问题是董事和公司之间的利益冲突交易;而注意义务则要求董事等公司内部控制人要按照"理性人"的标准像对待自己的事务一样谨慎地处理公司的事务。② 忠诚义务存在于这

---

① Legal framework for social economy and social enterprises: A comparative report, UNDP Regional Bureau for Europe and the Commonwealth of Independent States, 2012, pp. 22.

② Harvey J. Goldschmid. The Fiduciary Duties of Nonprofit Directors and Officers: Paradoxes, Problems, and Proposed Reforms. 23 J. Corp. L. 631 997 – 1998.

样的假设前提之上:任何一个管理者在从事职务行为时,都会出现个体利益与组织利益的潜在冲突,所以必须通过合理的制度安排以防止管理者的自利行为。例如,当社会企业董事控制的其他公司与社会企业进行交易时,社会企业的利益与董事的自身利益必然发生冲突,在这种情况下,忠诚义务要求董事应以社会企业的最高利益为重,而董事又是一个"理性经济人",这种"经济人"与"道德人"之间的矛盾关系必定使其陷入"不能谈判"之困境。[①]

尽管社会企业的股东或创办者中绝大多数是基于内心的道德责任感或慈善动机而创办社会企业,但我们同样无法否认仍然会有一些动机不纯的人利用社会企业的名义和法律地位为自己谋取私利,因此社会企业利益冲突交易发生的概率和可能性并不低于普通营利性公司,而且社会企业的利益冲突交易产生的危害要远远大于普通营利性公司中的利益冲突交易。首先,社会公众尤其是消费者是基于对社会企业的道德认同感而优先选择社会企业的产品或服务,消费者和社会公众对社会企业的优先选择会使社会企业得到更多的交易机会从而获得更多的利润,这种利润本来应当被用来服务于社会,却通过利益冲突交易而被个人不当获得;其次,社会企业享受的各种政府补贴也可能通过利益输送的方式被补贴给了社会企业的利益方。因此社会企业的利益冲突交易不但损害企业自身的利益,更侵害了社会公众的信赖利益和政府的财政收益。

2. 社会企业利益冲突交易的政府监管

社会企业的利益冲突交易无法完全依赖普通商业公司的股东派生诉讼[②]来解决。与普通商业企业如上市公司不同,社会企业同时追求社会目的和经济利润,因此社会企业并非追求股东利润最大化的组织,而且社会企业的利润分配和剩余资产处置要受到法律的限制,因此在很多情况下,社会企业的股东并没有足够的意愿来对违反注意义务的内部控制人提起股东派生诉讼。实际上,社会企业的利益冲突交易危害最为严重的是政府的财政利益和社会公众利益,因此政府作为国家的代表和社会利益的维护者应当承担社会企业利益冲突交易的监管职责,鉴于社会企业与慈善组织在社会目的上的相似性,政府对社会企业利益冲突交易的监管可以借鉴慈善组织利益冲突交易的政府监管,而美国和英国关于慈善组织利益冲突交易的政府监管制度可以提供有益的经验。

美国没有专门的慈善法,其对慈善组织的法律调整主要是通过联邦税法来进

[①] 赵明、褚蓥:"美国慈善基金会利益输送禁止规则探析——兼与中国相关规定之比较",载《北京航空航天大学学报(社会科学版)》2012年第1期。

[②] 股东派生诉讼是指当公司的合法权益遭受侵害,而公司怠于诉讼时,符合法定要件的股东为公司的利益以自己的名义对侵害人提起诉讼,追究其法律责任的诉讼制度。是一种独特的事后救济责任机制。

行。美国的慈善组织分为私人基金会和公共慈善机构,私人基金会与其利害关系人[1]之间的交易原则上被禁止,而公共慈善机构与其利害关系人[2]之间进行的利益冲突交易并非被完全禁止,法律禁止的仅仅是两者之间的"额外收益交易"(excess benefit transaction),即公共慈善机构向利害关系人提供额外收益或者违背公平市场规则的交易。此类交易要获得法律认可必须同时满足两个条件:一是程序条件。即首先要求利害关系人向公共慈善机构披露其利害关系情形,其次要求公共慈善机构的董事会或其他决策机构对该交易进行批准,而利害关系人不得参与表决,再次,决策者在作出批准交易的决策时,要用恰当的文字将决策的依据记录下来;二是实体条件。即公共慈善机构决策者在对交易进行审批时要充分考虑类似交易的公平市场价格,得到充分的具有可比性的数据,并据此做出了决策。[3]

英国《2006年慈善法》第66条规定,慈善组织的利益冲突交易应当取得慈善委员会[4]的书面同意,慈善公司董事或者其关系人获得或出让资产之行为未经慈善委员会以书面形式事先做出同意者,一律无效。英国慈善委员会拥有非常广泛的职权来发现和调查并制止正在进行的利益输送行为,并对相关的责任人进行处罚。英国对社会企业的监管制度几乎完全借鉴了其对慈善组织的监管,包括成立专门的社会企业管理局负责对社会企业进行认定和监管,社会企业管理局在监管社会企业利益冲突交易方面拥有非常广泛的职权,包括有权解除社区利益公司董事或经理的职务并重新指派董事或经理,并有权采取措施来保护社区利益公司的财产。

---

[1] 根据美国《国内税收条令》第4946条的规定,私人基金会中的利害关系人包括:(1)巨额捐赠者;(2)基金会官员、董事或者具有相应责任或权力的人;(3)对巨额捐赠实体拥有20%以上股权者;(4)上述三类人员的家庭成员,即该人员的直系血亲和姻亲;(5)上述四类人拥有35%以上股权或利润分红的商业实体;(6)政府官员。

[2] 美国《国内税法条令》第4958条规定的公共慈善机构的利害关系人包括:在交易结束日前5年内的任何时间能够对公共慈善机构的事务产生重大影响的个人或组织,包括:(1)公共慈善机构中有表决权的人;(2)总裁、首席执行官、首席运营官和首席财务官,以及其他任何有上述权利和责任的人;(3)公共慈善机构的创建者、巨额捐赠者、对公共慈善机构的大部分资本支出、运营预算或雇员薪酬有控制权或决定权的人;(4)对公共慈善机构有管理权威或是其主要顾问;(5)无资格人的家庭成员;(6)无资格人拥有超过35%控制权的实体;(7)在被称为无资格人的公司、合伙机构或信托机构有控股权者。

[3] 董蕾红、吴小帅:"慈善组织利益输送交易的法律规制——国际经验与借鉴",载《山东社会科学》2015年第3期。

[4] 慈善委员会是英国的慈善监管机关,成立于1860年,职责是负责英格兰和威尔士地区慈善组织的注册、为慈善组织提供支持以及监督慈善组织的违法违规行为。参见:Debra morris. New Charity Regulation Proposals for England and Wales:Overdue or Overdone? 80 Chi. - Kent L. Rev. 779 2005.

鉴于社会企业的利益冲突交易并非被完全禁止,为了对政府监管提供明确的依据和指引,法律首先应当对社会企业利益冲突交易应当遵守的程序和实体规则做出规定。关于社会企业利益冲突交易的程序规则,规定利害关系人应当向社会企业的决策机构如董事会报告利益冲突交易的情形,由该决策机构表决通过是否同意该利益冲突交易,而且利害关系人不得参加该表决,以降低"利害关系人"影响决定的风险;在实体规则上,应当对决策机构在表决时如何评估利益冲突交易做出指引,只有对社会企业公平合理的交易才可以被批准,而利益冲突交易是否公平合理的衡量标准应是与无利害关系的第三方之间的交易。[1] 法律还应赋予监管机关广泛的职权来发现和调查社会企业违规进行的利益冲突交易。社会企业的监管机关可以通过多种途径,包括审查社会企业的年度报告、接受来自社会的投诉或主动进行检查等方式,来发现并审查社会企业的利益冲突交易。监管机关如果发现社会企业存在违规的利益冲突交易行为并侵害了社会企业的利益,有权对相关责任人进行处罚。

五、社会企业解散阶段的政府监管

绝大多数国家对于社会企业的利润分配和解散时剩余资产的处置都有限制性规定,而这些利润分配和剩余资产转移的限制规定如果没有相应的监管在实践中完全会变成一纸空文。因此,社会企业解散阶段的政府监管对于防止社会企业的财产被其成员或股东私分至关重要,正是基于这一原因,对社会企业的利润分配和剩余资产进行了限制性规定的国家都规定了监管机关在社会企业解散阶段的监管职责,从而确保社会企业的资产能够真正用于社会目的。

根据英国《社区利益规章》(Community Interest Company Regulation)的规定,英国的社区利益公司分为两种形式:担保性有限公司(Companies Limited by Guarantee,CLG)与股份性有限公司(Companies Limited by Shares,CLS),担保性有限公司建立在捐赠的基础上,所以不得进行利润分配,所有的公司利润必须再投资于公司经营活动,属于传统非营利组织的一种形式;而登记为股份性有限公司的社区利益公司由于以股东出资入股为基础,因此可以进行利润分配,但利润分配不得超过当年利润的20%,累计利润分配总额不能超过公司可分配利润总额的35%。社区利益公司解散时,其资产只能转移到其他的社区利益公司或慈

---

[1] Yolanda Demianczuk. Charity Regulation in the Russian Federation. 35 Colum. J. Transnat'l L. 477–501 1997.

善组织,而且资产转移时应得到监管机关社会企业管理局的批准。①

韩国在其《社会企业促进法》中同样规定,社会企业应将至少三分之二的利润用于社会目标,并且在解散时应将至少三分之二的剩余资产捐赠给其他社会企业或公共基金,作为监管机关的韩国劳动部负责监督社会企业解散时的资产转移与处置。葡萄牙规定其社会团结合作社在进行资产清算的时候,必须将全部资产转交给其他社会团结合作社,而且该社会团结合作社最好与解散的社会团结合作社位于同一个城市。② 而政府对于社会团结合作社的清算和剩余财产的转移都进行了严格的监督。

第三节 社会企业的行业监督和公众监督

如果说社会责任是社会企业先赋的存在意义,那么公信力就应该是社会企业后天的生长源泉,没有公信力的社会企业注定无法健康成长,更无法做大做强。以社会需求为导向的社会企业在诞生之初,就决定了它必须以社会责任感为出发点,以公信力为发展的保障,这样才能被称为合格的社会企业。社会企业公信力的保障除了依靠政府监管之外,还需要广泛的社会力量进行监督,作为社会力量的组成部分,社会公众和行业组织的监督可以填补政府对社会企业监管能力不到位或无效率而导致的监管漏洞,并形成社会力量监督与政府监管之间的有效衔接,从而更好地保障社会企业的公信力和健康发展。

一、社会企业的行业监督

(一)行业组织与行业监督

行业组织是特定行业的成员自愿组成的维护和增进行业成员共同利益的民间团体。③ 行业组织是商品经济的产物,自从有了商品经济,就有了行业组织的雏形,但作为在市场和政府之外的一种独立的力量和组织形态,行业组织一直到20世纪中后期才得到了快速的发展,并在国家和社会中发挥了越来越重要的作用。在行业组织的数量迅猛发展的同时,各个国家开始认可和支持行业组织,行

---

① The Office of the Regulator of Community Interest Companies House. Information Pack Community Interest Companies. London:Companies House,2010:4-46.

② The Changing Boundaries of Social Enterprises, Published by the OECD Local Economic and Employment Development(LEED)Programme,2009,pp.36.

③ 刘凤军:"试论企业、政府与行业组织的协同发展",载《经济研究参考》2006年第16期。

业组织也开始向制度化方向迈进,在法律上正式成为国家和市场之外的第三种力量。①

行业组织属于社会组织的范畴,而社会组织作为公民社会的核心组成部分,可以通过志愿的方式向社会提供公共产品或服务,因此被认为与政府和市场一起承担公共治理功能。社会组织因为具有贴近社会公众和行业成员的天然优势,因此能灵活及时地处理社会事务,并能修正政府管理中的"越位"或"缺位",弥补政府管理的不足。② 具体到行业组织来讲,行业组织的功能首先表现为它是其成员的代表者和成员利益的维护者,它可以代表行业成员与政府进行沟通,协调行业成员与政府之间的关系,向立法机关和政府提出立法和政策建议,寻求政府对行业发展的支持,从而达到实现和维护行业共同利益的目的;行业组织的另外一项功能是监督行业成员的行为,维持行业的发展秩序,这便是行业组织对行业成员的监督功能。行业组织的监督可以有效地弥补政府监管的不足,因为政府关注的是宏观视角下社会整体利益的最大化,而企业、个人或其他组织追求的则是个体利益的最大化,政府的政策法规一旦制定出来便具有了滞后性,而且难以实施对不同主体的差异化监控,这种天然的矛盾使得政府运用行政手段对微观的主体进行监管成本高而且效率低。③ 而行业组织作为企业、社会组织以及个人与政府之间的中观主体能够兼顾宏观的社会整体利益和微观的个体利益,实施对行业的监督。行政监管是一种纯外部的监督,而行业组织的监督则兼具自我监督和社会监督的性质。相比政府运用行政权力实施的监管行为的刚性,行业组织的监督要更为柔和灵活,而且因为行业组织更能了解行业发展中存在的问题并找到有针对性的改进措施,因此行业组织监督的视角更为广泛和深入。

(二)社会企业行业组织的监督职权

社会企业行业组织是由社会企业组成的自律性非营利组织,其存在的根本目的在于维持社会企业作为整个行业的健康发展和共同利益。社会企业行业组织维持行业共同利益的方式除了沟通与协调政府与行业之间的关系外,还表现为制定行业发展共同遵守的规则以及对违背行业规则的成员进行惩戒,这种惩戒的目的同样在于防止个别成员的违规行为损害整个行业的声誉,从而破坏行业的健康发展。行业组织的这一特点和功能决定了其具备对行业成员的监督能力,因此现

---

① 王克稳:《经济行政法基本论》,北京大学出版社2004年版,第354页。
② 周俊,郁建兴:"行业组织参与社会管理:基于温州商会的研究",载《中共宁波市委党校学报》2009年第3期。
③ 刘凤军:"试论企业、政府与行业组织的协同发展",载《经济研究参考》2006年第16期。

代国家普遍赋予行业组织一定的监督职权,行业组织的监督职权来源于三种途径:一种直接来源于法律的授权;①一种来源于政府的委托;②还有一种来源于成员的授予。具体到社会企业行业组织的监督职权,由于社会企业与慈善组织具有的相似性,因此可以借鉴慈善行业组织的监督职权,但行业组织的监督更多的是一种软监督,如开除会籍。

除此之外,在社会企业行业组织经过一段时间的规范发展之后,可以授权其行使对社会企业的认定权,对社会企业的生产经营活动进行检查、监督、指导和管理,以及受理相关的投诉,并对投诉事项进行调查和调解。但社会企业行业组织不具备政府部门所具有的行政处罚权以及采取强制措施的权力。

(三)社会企业行业监督与政府监管的衔接

虽然社会企业的行业监督与政府监管具有不同的内容和表现形式,即两者的监管职权不同,但要实现对社会企业更为有效的监督,应当建立这两种监督的衔接机制。这种衔接机制首先表现为政府可以委托社会企业行业组织从事特定活动,如进行社会企业相关立法或政策的前期调研或论证,开展社会企业之间的评比、表彰或推荐活动等;两者之间的有效衔接还表现为社会企业行业组织对于发现的社会企业违法行为应当报告给政府监管部门,由政府监管部门对违法的社会企业进行处罚。如意大利经济发展部是所有合作社的政府监管部门,经济发展部同时授权合作社的行业组织——合作社协会承担合作社的审计职能。通过这种方式,政府和社会共同承担着对合作社的监督责任,以确保合作社能够符合法律的相关要求。③

二、社会企业的公众监督:信息公开制度

公众对社会企业进行监督的最佳途径是社会企业的信息公开制度,"阳光是最好的防腐剂",这句至理名言不但适用于对政府的监督,同样适用于包括社会

---

① 行业组织来源于法律授权的监督职权包括:1. 依法办理有关市场准入方面的审批事项。2. 依法对行业内的生产经营活动进行检查、监督、指导和管理。3. 依法处理法律授权处理的相关事项。4. 受理相关的投诉,并对投诉事项进行调查、调解。参见王克稳:《经济行政法基本论》,北京大学出版社2004年版,第365~366页。

② 行业组织来源于政府委托的监督职权包括:1. 受委托制定或参与制定行业规划及参与国家重大项目的调查、论证。2. 受委托制定或参与制定国家标准或行业标准并负责贯彻实施。3. 受委托进行或参与相关行业生产、经营许可证的发放或进行有关资质、资格的审查。4. 受委托对行业内发证企业的生产经营活动进行监督检查。5. 受委托组织行业产品、技术的鉴定。参见王克稳:《经济行政法基本论》,北京大学出版社2004年版,第366~367页。

③ The Changing Boundaries of Social Enterprises, Published by the OECD Local Economic and Employment Development(LEED)Programme,2009,pp. 35.

企业在内的所有组织,如上市公司的信息公开制度以及慈善组织的信息公开制度。

(一)社会企业信息公开的法理解释

1. 信息公开与公民知情权

信息公开是指国家机关、由政府授权的社会公共机构(如公办高校)、民间开办的社会公益组织(如慈善组织)和特定的企业(如国有企业、上市公司)将其职责或业务范围内的与社会成员利益相关的政务事务向社会公众进行公开。信息公开的理论基础是公民知情权,即公民有获知与他自身或社会公共利益有关的信息的权利。[1] 而知情权的提出则是源于对人性的不信任以及对公权力的防御和监督。这种不信任是对人性中贪婪、邪恶和堕落一面的正视。[2] 人性这一概念在我国很长一段历史时期曾经被作为一个虚幻和欺骗性的概念被大加批判,实际上这个概念既不虚幻,更具有不容否认的客观真实性。古今中外的先哲们都对这一问题进行了深刻的剖析。西方的宗教理念主张人虽然都是上帝的子民,具有不可侵犯的尊严,但人同样具有一种与生俱来的堕落倾向和罪恶潜能。这一宗教思想对西方的神学家和哲学家产生了深刻的影响。阿奎那认为"在人的身上存在着一种倾向为善的自然习性",但他同时认为"人们只有实行'某种锻炼'才能使这种德行臻于完善。……而能够不靠别人的帮助从事这种锻炼的人确实是少有的。"[3]康德认为人身上有"向善的禀赋",但这只是"属于人的本性的可能性",因为他同样认为人性具有趋恶的倾向。[4] 正是基于对人性的这种怀疑使得预防人性作恶成为西方政治哲学和制度设计的基石。如美国宪法的缔造者们便指出:"如果人都是天使,就不需要任何政府了。如果是天使统治人,就不需要对政府有任何外来的或内在的控制了"。[5] 对人性的怀疑不仅存在于西方的文化和政治传统中,东方社会同样存在类似的宗教和哲学思想,如佛教思想更是肇始于人性原恶,而非起源于人性原善。[6]

将权力的内容和运作置于公众的广泛监督之下能有效地预防和避免掌握权力的人作恶的本能和欲望,因此知情权和信息公开制度成为现在政治制度的一项重要的内容。知情权的权利主体是社会公众,其对应的义务主体即承担信息公开义务的主体却经历了一个发展演变的过程,从最初的国家权力机关,扩展到社会

---

[1] 郭道晖:《知情权与信息公开制度》,载《江海学刊》2003年第1期。
[2] 何生根:《知情权属性之学理研究》,载《法律科学(西北政法学院学报)》2005年第5期。
[3] 阿奎那著,马清槐译:《阿奎那政治著作选》,商务印书馆1963年版,第115页。
[4] [德]康德著,李秋零译:《单纯理性限度内的宗教》,中国人民大学出版社2003年版,第12页。
[5] [美]汉密尔顿等著,程逢如译:《联邦党人文集》,商务印书馆1980年版,第264页。
[6] [德]叔本华著,范进译:《叔本华论说文集》,商务印书馆1999年版,第507页。

公共机构和某些中介组织以及一些非政府组织像企业、事业组织和各种社会团体等。[①] 与之相适应,信息公开的内容也呈逐渐扩大的趋势,能够影响社会公共利益或支配公民个人权利的信息都应当进行公开。当然,因为知情权的行使通常可能与其他权利或其他主体的权利发生冲突,[②]信息公开往往可能侵犯到国家秘密、商业秘密甚至公民的个人隐私,因此信息公开制度并不是一个宽泛的概念,而是需要科学的理论支撑和严密的制度设计,包括哪些主体负有信息公开的义务以及信息公开的内容和程度如何设计等。

2. 社会企业信息公开的正当性

社会企业信息公开的正当性在于其社会公益性。社会企业作为公益慈善与市场的结合,既具有企业的属性,又具有公益性非营利组织的特征,作为一个用商业手段解决社会问题的组织,社会企业的公益性经常会受到公众的质疑。如何遏制社会企业创办者及经营者作为"经济人"的自利本能,并充分发挥其作为"道德人"的利他倾向是社会企业能否实至名归的根本保证。政府监管和行业监督并不能一劳永逸地解决这一问题,因为政府所拥有的监管资源永远无法满足实际监管的需要,而社会企业行业组织存在的根本目的在于维护行业成员的利益和发展,这种"同体监督"模式在对行业成员的监督过程中难免会存在监督不彻底甚至"护短"的情况,因此有必要引入社会公众监督。

社会公众对社会企业进行监督的法理基础在于社会企业的社会性。社会企业的社会性首先表现为其存在目的的社会公益性,因而区别于上市公司的社会性,上市公司的社会性表现为股东组成和结构的社会分散性,社会企业的社会性更类似于慈善组织等社会公益组织的社会性,而社会企业在运营过程中是否真正实现了其社会目的需要由公众来判断,而非仅仅由政府进行判定。社会企业的社会性其次表现为其受到相对于普通企业更多的公众支持,基于对社会企业社会目的的认可和赞赏,社会公众尤其是消费者会以同样的价格甚至更高的价格选择社会企业的产品或服务,从而形成了社会企业的市场竞争优势地位,社会企业应当利用这种优势地位获得的收益去实现既定的社会目标,社会公众有权利监督自己对社会企业的支持是否真正被用于社会目的,而非被社会企业股东或内部控制人中饱私囊。社会企业的社会性还表现在大多数国家的社会企业立法都限制或禁止社会企业的利润分配和解散时剩余资产的处置,这使得社会企业的资产具有社会公共财产的属性,而社会公众作为社会公共财产的代表人当然有权利对社会企业进行监督。

[①] 何生根:"知情权属性之学理研究",载《法律科学(西北政法学院学报)》2005年第5期。
[②] 刘艺:"知情权的权利属性探讨",载《现代法学》2004年第2期。

(二)社会企业信息公开的优势和独特功能

公众通过信息公开制度对社会企业进行监督具有政府行政监管和行业监督所不具备的优势。社会公众具有数量大、分布广的优势,容易对社会企业形成全方位的监督,而且越是支持社会企业的消费者和社会公众越有监督社会企业的热情,因为他们对于自己对社会企业的支持是否被真正服务于社会目的最为关注,因此社会公众对社会企业的监督具有更强的主动性和自觉性,因而更容易发现社会企业的违法行为并向政府监管机关进行举报,从而有效地弥补政府监管的滞后和乏力。

社会公众对社会企业的监督除了有如上优势外,更具备独特的功能。首先,社会公众在对社会企业进行监督的过程中能够更好地培育自己的公民意识和公民责任。公民意识可以被简单地解释为公民对社会和他人的责任,人作为社会性的动物必须生活在社群中,而社会或社群中每一位个人的行为都可能影响到他人甚至整个人类社会的利益或发展,因此每一个人都对他人或社会负有责任,具有良好公民意识的个人会对其他人和社会形成正面的和积极的影响和推动作用,而良好的公民意识并非先天形成的,必须通过后天的环境熏陶或教育才能养成,公众通过对社会企业进行社会监督能够激发其社会责任感,从而养成良好的公民意识,而公民意识的提高会促使社会公众更积极和有效地参与社会问题的解决。其次,公众对社会企业的社会监督能够在全社会弘扬公益慈善观念,社会企业致力于通过市场手段解决社会问题,其社会目的与公益慈善事业具有高度的一致性,公众在对社会企业进行监督的过程中可以深切感受到公益慈善事业的力量以及在促进社会公平与和谐中的巨大作用,从而会更主动地参与公益慈善事业,并在全社会形成浓厚的公益慈善观念。

(三)社会企业信息公开的内容和方式

要求社会企业向公众进行信息公开具有合理性和必要性,但其信息公开的内容和方式应当如何确定?作为公益慈善与市场的结合,社会企业可以借鉴慈善组织的信息公开制度,但其公开的程度和范围要低于慈善组织,因为慈善组织作为捐赠者与受助对象的中介,几乎完全依赖于外部的捐赠而生存,因此慈善组织应按照"玻璃口袋"原则遵循最大透明度要求,对应的信息公开的要求是除涉及受助对象隐私之外的所有信息都应当向社会公众公开。而社会企业却是靠自身的生产经营活动来获得收益并解决特定的社会问题,社会企业获得的外部资源主要包括消费者或交易对象的优先支持和政府的补贴,而非直接来自于社会的捐赠,因此社会企业信息公开的程度要低于慈善组织信息公开[1]的要求,信息公开的内容应限于其向监管机关提交的年度报告的内容,这样既能满足公众知情权的要求,又不至于对社会企业的独立性和正常的生产经营造成过度的负担和干扰。社会企业年度报告的内容中还应包括利益冲突交易情况。英国的社区利益公司和加拿大的社区贡献公司都被要求将其年度财务报告和社区贡献报告向社会公众公开。[2]

对于社会企业信息公开的方式,由于网站信息披露的普遍性可以很大程度上降低信息生产和发布成本,并可以提升信息发布的及时性。[3] 因此社会企业的信息公开应主要通过网站公开,即社会企业应当主动在自己的网站上将年度报告进行公开,此外,为了尽可能方便社会公众对社会企业信息公开的查询,还应当增加社会企业信息公开的渠道,如由监管部门对社会企业提交的年度报告进行公开,[4]社会企业监管部门可以建立专门的网站对社会企业提交的年度报告进行统一公开。

进行信息公开是社会企业的法律义务,不履行信息公开义务的社会企业应当承担相应的法律责任,法律责任的承担方式可以包括监管机关对其进行警告、罚款甚至撤销社会企业法律资格等。

---

[1] 《慈善法》第71条规定,慈善组织、慈善信托的受托人应当依法履行信息公开义务。信息公开应当真实、完整、及时。第72条规定,慈善组织应当向社会公开组织章程和决策、执行、监督机构成员信息以及国务院民政部门要求公开的其他信息。上述信息有重大变更的,慈善组织应当及时向社会公开。慈善组织应当每年向社会公开其年度工作报告和财务会计报告。具有公开募捐资格的慈善组织的财务会计报告须经审计。第73条规定,具有公开募捐资格的慈善组织应当定期向社会公开其募捐情况和慈善项目实施情况。公开募捐周期超过六个月的,至少每三个月公开一次募捐情况,公开募捐活动结束后三个月内应当全面公开募捐情况。慈善项目实施周期超过六个月的,至少每三个月公开一次项目实施情况,项目结束后三个月内应当全面公开项目实施情况和募得款物使用情况。第74条规定,慈善组织开展定向募捐的,应当及时向捐赠人告知募捐情况、募得款物的管理使用情况。

[2] Melissa.'Community Contribution Companies'or'Canadian'Benefit Corporation coming to BC. 2013. 4. 1.

[3] 党生翠:"慈善组织信息公开的新特征:政策研究的视角",载《中国行政管理》2015年第2期。

[4] 李树海、丁渠:"论对社会组织的社会监督",载《河北法学》2013年第8期。

第五章　我国社会企业法律规制的完善

我国虽然没有"社会企业"这一正式的法律术语,但存在大量的社会企业表现形式。社会企业指的是通过企业化运营实现社会目的的组织,其包含的组织范围非常广泛,我国的社会福利企业、农民专业合作社、民办非企业单位都符合社会企业的本质和特征,因此属于社会企业的范畴。而且最近几年,由于受社会企业学术研究的推动和国外公益组织社会企业运动的影响,我国同样出现了一些自称"社会企业"的组织,但由于缺乏法律制度的规范,这些自称为"社会企业"的组织存在界定标准的混乱和组织目标的错位,很多并不属于真正的社会企业。而既有的社会企业形态如社会福利企业、农民专业合作社以及民办非企业单位由于法律制度设计的缺陷,导致在实践运行中没有充分发挥社会企业应有的功能,尤其是作为民办非企业单位的民办医院和民办学校几乎完全蜕变为创办者敛财的手段。[①] 因此我国有必要重新审视现有的关于民办非企业单位以及社会福利企业的法律制度,同时要研究社会上新出现的自称为"社会企业"的组织是否应当通过立法赋予其社会企业的法律地位,并在借鉴其他国家社会企业法律制度的基础上,完善我国的社会企业法律规制。

第一节　社会企业在我国的表现形式

关于社会企业在我国现阶段的表现形式,学者们的观点并不完全一致,但民

[①] 刘水林、王波:"社会企业法的性质:社会法私法化的新路径——以英国社区利益公司条例为样本的分析",载《上海财经大学学报》2012年第1期。

办非企业单位却被所有学者公认为属于社会企业的典型形式。[①] 而按照欧洲国家对社会企业的理解,我国的农民专业合作社同样属于社会企业的范畴。致力于解决残疾人就业和服务的社会福利企业早期是在政府主导下创办的,因此虽然是通过市场方式解决社会问题的典型,但是其主体却不符合社会企业的要求。自20世纪90年代末开始,随着政企职责的分离,政府已经不再开办新的社会福利企业,开始大力鼓励社会力量开办社会福利企业,因此由社会投资兴办的社会福利企业属于典型的工作整合型社会企业。

一、民办非企业单位

(一)民办非企业单位的产生

在计划经济时期,国家对经济和社会领域实行高度的管控,教育、卫生、体育等社会公共事业和社会福利领域完全由政府和当时的国有企业和集体企业负责提供。计划经济体制实行政企一体化,国有和集体企业有自己的子弟幼儿园、中小学、医院甚至体育馆,因此政府和企业几乎承担了职工生老病死的全部保障责任。改革开放后,国家实行政企分开,一方面是原有的国有和集体企业开始自主经营并自负盈亏,因此企业为了提高经济效益,纷纷将原有的厂办幼儿园、中小学还有医院等附属机构予以剥离;另一方面有大量的公有制企业破产倒闭。这两种因素导致了如为职工提供就业培训和介绍以及卫生保健等大量的社会公共服务的需求,这种需求本应由政府负责提供,但政府由于财政资源的紧张无法满足这一需求,在这种背景下,国家开始鼓励和允许社会力量进入传统上由政府和国有企事业单位垄断的社会事业领域,产生了所谓的民办事业单位。但当时的民办事业单位由于缺乏相应的法律和政策规范,使得政府无法对之实行有效的监督和管理,为了加强对民办事业单位的管理,国务院于1998年出台了《民办非企业单位登记管理暂行条例》,民办非企业单位成为一个法律概念,而"民办非企业单位"这一术语最早出现在中共中央办公厅和国务院办公厅1996年发布

[①] 如金锦萍认为虽然我国法律体系的框架内并没有"社会企业"这一术语,但是并不意味着不存在类似组织。如果从其内涵分析,我国的社会企业由来已久。现在最为典型的就是社会福利企业和民办非企业单位。参见金锦萍:"社会企业的兴起及其法律规制",载《经济社会体制比较》2009年第4期。余晓敏、丁开杰等人认为我国目前可以归属于社会企业范畴的社会组织大体有以下几类:民办非企业单位、社会福利企业、城乡居民的互助合作组织和社区服务中心等。参见余晓敏等:《国际比较视野下的中国社会企业》,载《经济社会体制比较》2011年第1期。郑夏蕾认为在我国,社会企业这一名词尚未于法律文件中正式出现,但根据其定义与内涵,我国一直存在着大量社会企业,包括社会福利企业和以民办非企业单位或公司形式设立的社会企业。参见郑夏蕾:《中美社会企业法律规制比较研究及对中国的启示》,载《科学·经济·社会》,2015年第3期。徐君认为民办非企业单位是目前我国最具社会企业特征的组织。参见徐君:《社会企业组织形式的多元化安排:美国的实践及启示》,载《中国行政管理》2012年第10期。

的《关于加强社会团体和民办非企业单位管理工作的通知》中,根据有关政府官员的解释,民办非企业单位就是之前的"民办事业单位"。①

(二)民办非企业单位的定义和特征

根据1998年国务院制定的《民办非企业单位登记管理暂行条例》(以下简称《条例》)对民办非企业单位的界定:民办非企业单位是企事业单位、社会团体和公民个人利用非国有财产创办的,从事非营利性社会服务活动的组织。从该定义可以看出,民办非企业单位完全具备社会企业创办主体的私人性、业务范围的社会公益性以及非营利性特征,因此民办非企业单位属于典型的社会企业。

第一,创办主体的私人性。民办非企业单位是利用非国有资产举办的,其创办者主要是作为私法主体的企业单位以及个人等社会力量,而非政府。

第二,民办非企业单位的社会公益性。民办非企业单位的社会公益性表现为两个方面:一是其主要致力于提供社会公共服务,民办非企业单位的业务领域局限于教育、医疗、卫生保健、体育以及文化等传统上属于由政府提供的社会公共服务;二是其非营利性,根据《条例》的规定,民办非企业单位不得从事营利性经营活动②,业务活动取得的收入必须用于章程规定的业务活动③,这些规定意味着民办非企业单位不得进行利润分配。

第三,民办非企业单位的经营性。与普通营利性企业相同,民办非企业单位主要通过自己的服务收费来维持自己的生存和发展,这区别于主要靠收取会费方式维持生存的社会团体,以及靠接受社会捐赠维持存续和发展的慈善组织。

(三)民办非企业单位业务活动的范围和分类

根据民办非企业单位开展业务活动的领域,可以将其分为教育类民办非企业单位,如民办学校;卫生类民办非企业单位,如民办医院;文化类民办非企业单位,如民间艺术团体;科技类民办非企业单位,如民办科研院所;体育类民办非企业单位,如健身俱乐部;劳动培训类民办非企业单位,如民办职业培训学校;民政类民办非企业单位,如民办养老院;法律服务类民办非企业单位,如民办法律援助中心等。④ 根据民办非企业单位承担民事责任的方式的不同,《条例》第12条将民办非企业单位分为法人型、合伙型和个体型民办非企业单位,当然这种分类由于违背基本的法理逻辑而备受法学界的批判。

(四)民办非企业单位的经济与社会功能

民办非企业单位在提供就业岗位、促进经济增长和激发社会活力方面发挥了

---

① 任进:"民办非企业单位的若干法律问题",载《天津行政学院学报》2003年第2期。
② 《条例》第25条。
③ 《条例》第21条。
④ 邓国胜:"民办非企业单位与中国社会事业的发展",载《学会》2005年第12期。

重要的功能。根据清华大学公共管理学院 NGO 研究所邓国胜教授的统计,2002年全国民办非企业单位提供的就业岗位占所有服务业就业的 0.98%,占所有公共部门就业的 19.7%。而据美国霍普金斯大学对英国、日本等 22 个国家的研究,随着现代科技的发展,传统的农业、工业和服务业提供的就业岗位呈现出缩减的趋势,而与之相反的是非营利部门提供的工作岗位却在增加。据统计,西欧国家的非营利组织在社会服务领域提供的就业岗位增长最为迅速,美国则是卫生保健尤其是健康护理领域的非营利组织提供的就业增长最为迅速。这些国家的经验表明,民办非企业单位在提供社会服务,提供就业机会方面还有巨大的潜力可以开发。因此民办非企业单位可能是我国未来提供就业机会和促进经济增长的主要途径之一。[1]

二、农民专业合作社

（一）合作社的产生与运作机理

合作社的思想和实践产生于资本主义发展早期的欧洲,本身就是空想社会主义者提出的一种医治资本剥削弊端的社会改造方案。其核心价值在于"弱者自救",即处于被资本家剥削地位的弱者阶层如农民和工人组织起来,利用合作的力量抵制资本的剥削,如消费者合作社可以帮助消费者减小中间商的盘剥,生产者合作社可以帮助生产者摆脱资本家的剥削而成为自己的主人,而农民组成的互助合作社则可以使市场上弱小而分散的农民以团体的力量解决农产品的销售和生产资料的购买,能够减少生产成本,增加销售利润。因此起源于社会弱势群体团结互助摆脱困境这一动机的合作社,同时追求经济利益和社会利益,天然地承载着克服或解决社会不公的组织使命。[2] 正是由于合作社具有的这一独特的价值和功能,使得合作社在欧洲长盛不衰并发展成为社会企业的典型形式,世界各国也纷纷仿效或移植合作社。

根据国际合作社联盟[3]的界定,合作社是人们为满足共同的经济、社会与文

---

[1] 邓国胜:"中国民办非企业单位的特质与价值分析",载《中国软科学》2006 年第 9 期。
[2] 陈婉玲:"合作社思想的源流与嬗变——基于合作社法思想基础的历史考察",载《华东政法大学学报》2008 年第 4 期。
[3] 国际合作社联盟(英文简称 ICA),1895 年成立于英国伦敦,是一个独立的非政府性的国际组织,它的目标是团结、服务和代表世界各地的合作社以及合作社运动。目前已拥有来自 96 个国家的 258 个会员组织,涵盖了农业、金融、卫生、工业、旅游等各个领域,代表了全球 10 亿多合作社社员。国际合作社联盟不仅是全球最大的独立非政府性国际组织,而且是 1946 年首批获得联合国经济与社会理事会咨商地位的 41 个非政府组织之一。国际合作社联盟总部设在瑞士日内瓦。它的成员组织是各个领域的全国性合作社组织,涉及农业、消费、银行、信贷、保险、工业、能源、储运、渔业、住房、旅游等行业。

化需求和愿望,由社员共同所有和民主管理企业。同公司一样,合作社也是一种企业组织形式,但合作社与公司最大的区别在于合作社追求的并非是利润最大化,而是社会公平和经济效率的双重目标,甚至为了追求社会公平目标的实现,经济效率这一目标可以被放在次要考虑的地位,或者说利润仅仅是合作社实现社会公平目标的手段。正是由于这一原因,合作社在传统上被视为非营利组织。[1] 为了实现社会公平和经济效益的双重目标,合作社的运作一般遵循如下基本原则:一是民主制,合作社的决策应当按照一人一票的民主原则进行,成员享有平等的投票权,而不是公司奉行的资本决原则;二是按惠顾返还盈余,即成员按照与合作社的交易额获得收益;三是资本报酬有限,即成员对其投入合作社的资本金只能获得有限的资本金补偿,股份利息受到严格的限制。

(二)合作社的经济与社会功能

合作社是弱势群体为了生存和发展而进行互助合作和联合自救的组织形式,合作社对缓解贫困和失业,改善弱势群体的处境,尤其是农民的市场组织化程度具有独特的功能,对于促进经济和社会的协调发展和进步具有战略性意义。分散和弱小是世界各国农业生产经营的共同特点,因此在强大的市场竞争中农民往往处于弱势地位,而具有弱者团结互助这一价值内核的合作社天然地满足了农民的需求,因此农民合作社是存在范围最广的一种合作社,扶持和鼓励农民合作社的发展也是世界各国的一致做法。以美国为例,80%以上的农场主都加入了各种不同种类的农业合作社,每个农场主平均要参加两个农业合作社。美国的农业合作社作为农民与市场联系的中介为其成员销售农产品和提供其他生产经营服务,帮助农民更好地参与市场竞争,对美国农业发展起到了重要的促进作用。正是基于农民合作社的独特作用和功能,美国政府对于农民合作社提供包括税收、反垄断政策和信贷等各种优惠和支持。[2]

(三)农民专业合作社在我国的产生与特点

我国在计划经济时期曾经一度有非常发达的供销合作社,但当时的供销合作社只是政府实行统购统销的一种手段,带有浓厚的行政色彩,而非社会弱势群体自发组织的实现自身经济和社会利益的组织,因此与其他国家的合作社具有本质的区别。经济体制改革之后,原有的供销合作社基本不复存在,而真正体现社会弱势群体团结互助的合作组织开始出现,尤其是农民专业合作社开始在20世纪80年代中期在江浙等经济发达地区兴起。

---

[1] 郭富青:"西方国家合作社公司化趋向与我国农民专业合作社法的回应",载《农业经济问题》(月刊)2006年第6期。

[2] 米新丽:"美国农业合作社法初探",载《江西社会科学》2004年第3期。

为了更好地规范和引导并鼓励农民专业合作社的发展,我国于2006年10月31日颁布了《农民专业合作社法》,该法完全遵循了国际合作社联盟对合作社的界定以及合作社应遵守的原则。根据《农民专业合作社法》第2条的界定,农民专业合作社是同类农产品的生产经营者或者同类农业生产经营服务的提供者和利用者,自愿联合、民主管理的互助性经济组织。与传统合作社相比,我国的农民专业合作社根据我国经济社会发展的现实以及其他企业形式尤其是公司治理的优势进行了如下创新:

首先,在成员的组成上,农民专业合作社以农民为主体,在确保农民占成员总数80%以上的前提下,可以吸收从事与农民专业合作社业务直接有关的生产经营活动的企业、事业单位或者社会团体成为会员,法律之所以如此规定,是由于我国长期实行的分散的小农经济模式使得农民缺乏资金和生产技术尤其是合作营销的能力,如果没有企业等团体成员的加入,单凭农民的力量可能无法有效地组织合作社并进行运营。①

其次,民主管理即一人一票是合作社内部治理机制的典型特征,但为了鼓励对合作社的入股以扩大合作社的规模,法律允许出资额或与本社交易额较大的社员享有附加表决权,同时为了防止对合作社民主管理的过分侵蚀和出资额大的会员利用其占绝对优势的表决权侵害其他会员的利益,法律又对这种基于出资额或交易额的附加表决权进行了限制,规定附加表决权不能超过社员基本表决权总票数的20%。这一规定融合了合作社民主决策与公司资本多数决原则的优势,有利于农民专业合作社吸引投资和扩大规模。

再次,在利润分配上,为了鼓励农民举办和加入合作社的积极性,《农民专业合作社法》并没有严格遵循欧洲社会合作社的"非分配性"原则,而是允许农民专业合作社进行盈余分配,并且引入了公司治理中的股份激励机制,但是盈余仍然主要按照成员与合作社的交易量进行返还,法律规定按照交易量返还的比例不得低于可分配盈余的60%,这样设计的目的是防止合作社异化为股份公司,从而更好地保护每一位会员的利益。

最后,由于合作社具有的扶助弱势群体的天然功能,各国政府都会对合作社提供税收优惠等支持和补贴,我国政府对农民专业合作社提供的支持和补贴力度更大,范围更广泛,具体包括财政支持、税收优惠和金融、科技、人才的扶持以及产

---

① 杜吟棠:"《农民专业合作社法》的立法背景、基本特色及其实施问题",载《青岛农业大学学报(社会科学版)》2008年第2期。

业政策引导等措施。① 而且《农民专业合作社法》直接将这种支持规定为政府的法定义务,这体现了政府积极培育农民专业合作社以推动我国农业和农民经济发展的强烈愿望。

三、社会福利企业

(一)社会福利企业在我国的历史发展

中华人民共和国成立初期,受长达几十年战乱的影响,整个国民经济凋敝,城市聚集了大批没有工作和收入来源的人口,为了解决这些城市贫民的生计问题,新成立的人民政府创造性地制定了"生产自救"的方针,组织城市里的失业贫困人员参加公共基础设施如修路和疏通河道等建设。这种"生产自救"运动既保证了市政工程等城市基础设施的建设,又给大量贫民提供了工作机会从而解决了他们的生计问题,产生了双赢的效果。后来这种"生产自救"模式又被复制和扩展到其他领域,如组织城市贫民参加手工业或小型工业生产等,这些生产自救组织同时具备经济效益和社会效果,主要目的在于解决被救济对象的就业问题,因此具有就业型社会企业的特征。到 1956 年经过社会主义改造确立了计划经济体制后,政府并不能为所有的城市居民提供完全的就业岗位,于是在原有的生产自救组织基础上发展出了社会福利企业,最初的社会福利企业吸收和安置的主要对象为家庭妇女和老、弱、残疾人员,并由民政部门负责管理。后来随着人民公社化运动的开展,社会福利企业吸纳的除残疾人员外的其他劳动者都参加了公社的生产,因此社会福利企业就变成了专门安置残疾人员就业和生产残疾人用品的企业组织。②

严格地说,中华人民共和国成立早期的这些生产自救组织和社会福利企业并非真正意义上的社会企业,因为这些组织是在政府的主导下建立和运作的,具有浓厚的行政色彩,是一种国家主导的安排就业的手段,而非通过社会力量自主解决社会问题,因此无法充分发挥解决社会问题、参与市场活动的企业主体性。③ 这也是这些早期社会企业的雏形生命力和活力不够强大的深层原因。社会福利企业在计划经济时期以及改革开放早期由于政府大力支持及受中国社会发展程度所限,曾经一度比较繁荣,但随着社会的发展,其资本来源的单一性(完全由政

---

① 余晓敏、张强、赖佐夫:"国际比较视野下的中国社会企业",载《经济社会体制比较》2011 年第 1 期。

② 时立荣、徐美美、贾效伟:"新中国成立以来我国社会企业的产生和发展模式",载《东岳论丛》2011 年第 9 期。

③ 刘小霞:"我国社会企业的历史演进及制度性角色",载《中央民族大学学报(哲学社会科学版)》2013 年第 6 期。

府创办)与产品的粗糙性使其竞争力急剧下降,加上缺乏吸引私人资本的机制而致使优秀商业领导人才缺乏,境况堪忧。① 尽管如此,作为利用企业和市场手段解决社会问题的早期尝试,这些生产自救组织和社会福利企业在我国特定的历史时期发挥了积极的作用和功能,社会福利企业更是由于其安置残疾人就业方面的独特功能而发展延续至今。

(二)社会福利企业的概念与特征

社会福利企业是集中安置残疾人就业的企业,其区别于普通企业的特征就在于残疾员工的数量。当然社会福利企业并非意味着企业所有的员工都是残疾人,只需要残疾员工达到员工总数的一定比例。社会福利企业的认定标准由民政部负责制定,其认定也由民政部门负责实施。社会福利企业的认定标准经历了由严格到逐渐宽松的过程,社会福利企业要求安置的残疾员工从最早的应占企业员工总数的50%下降到35%再到现在的25%,而且要求安置的残疾员工总数量不少于10人。根据民政部最新的社会福利企业认定标准,除了安置的残疾人比例要求降低之外,残疾人的范围也比原来的标准进行了扩大,除了原来的盲、聋、哑以及肢体残疾的人员外,还包括精神残疾或智力残疾人员。

与民办非企业单位和农民专业合作社不同,法律没有对社会福利企业的营利分配进行限制。其原因基于如下几点:一是残疾人由于自身的生理或智力缺陷难以在就业市场找到工作,这既增加了残疾人家庭的负担,又增加了政府承担的对无生活来源的残疾人的生存保障责任。社会福利企业吸纳残疾人就业既减轻了残疾人的家庭负担,也使残疾人能够靠自己的劳动满足自己的生活,使其更有尊严的生活,更减轻了政府承担的保障残疾人基本生存的责任。二是社会福利企业一般从事的是低技术、低附加值产品的生产经营活动,其盈利能力并不高。因此,为了鼓励更多的人创办社会福利企业,法律不但没有对其营利分配进行限制,反而赋予其非常广泛的包括所得税、产品税、增值税和营业税等多方面的税收减免优惠。②

计划经济时期以及改革开放早期的社会福利企业由政府创办并且被纳入国家的生产计划,并且享受国家的税收优惠等各种扶持,因此生产经营取得了良好的经济和社会效益,如著名的上海霞飞日化厂就是社会福利企业。但随着经济体制改革与社会主义市场经济的建立,社会福利企业由于生产技术落后、产品附加

---

① 刘水林、王波:"社会企业法的性质:社会法私法化的新路径——以英国社区利益公司条例为样本的分析",载《上海财经大学学报》2012年第1期。

② 余晓敏、张强、赖佐夫:"国际比较视野下的中国社会企业",载《经济社会体制比较》2011年第1期。

值低,再加上政府创办的背景导致的官僚作风以及无法根据市场需求及时做出生产和经营的调整,导致社会福利企业很快陷入了困境,大量的社会福利企业停产或关闭。① 实际上,政府主办的社会福利企业之所以能够维持生存和发展并获得利润,几乎完全靠国家税收优惠和其他扶持政策,一旦这种支持政策的优惠幅度小于其承担的社会责任所付出的代价,这种优惠也就不足以支撑它们继续发展。② 尽管后来国家鼓励民间力量兴办社会福利企业,但由于认定标准过于严格,而且相应的扶持政策和措施不到位,导致实践中根本就无法成立新的社会福利企业,而原来已经存在的社会福利企业被大量关停,这两种因素共同导致社会福利企业在我国的发展日渐萎缩。

第二节 我国社会企业法律规制的不足与缺陷

我国虽然没有社会企业这一正式的法律术语,但却具备民办非企业单位、社会福利企业和农民专业合作社这三种典型的社会企业法律形式,这表明虽然不同的国家和地区有不同的经济、社会和政治发展特点,但在处理一些相似问题时却有着相同的应对策略,这些相同的应对思路或由国家本身自发生成,或出于国家自觉学习和借鉴他国经验的结果。我国存在的这三类社会企业形式为我国的经济和社会发展做出过并且仍将继续做出更大贡献,但由于法律制度本身设计得不合理以及与其相匹配的法律文化和社会环境的缺失,导致这些社会企业形式在实践发展中出现了各种问题,尤其是民办非企业单位存在的问题最为突出,这既影响了社会企业功能的有效发挥,更严重损害了社会企业的声誉。

一、民办非企业单位的法律规制:逻辑混乱

在我国社会企业的三种表现形态中,民办非企业单位在数量上占据了绝对的优势,比较典型的民办非企业单位包括民办学校、非营利性私营医院[③]以及民办社区养老机构等,这些民办非企业单位对于我国社会公共产品的提供具有重要的补充作用,对于繁荣经济和促进就业也发挥了重要作用。但由于《民办非企业单

---

① 王墨璞:"我国社会福利企业管理存在问题和对策探析",载《劳动保障世界》2012年第4期。
② 时立荣、刘菁:"残疾人公民权利的保障性研究——关于中国社会福利企业税收优惠政策的思考",载《北京科技大学学报(社会科学版)》2013年第5期。
③ 卫生部、国家中医药管理局、财政部、国家计委《关于城镇医疗机构分类管理的实施意见》和卫生部《城镇医疗机构分类登记暂行规定》(卫医发〔2000〕385号)将民营医院分为营利性民营医院和非营利性民营医院。

位登记管理暂行条例》(以下简称《条例》)制定的年代较早,立法者们对于政府、市场与社会之间的关系理解存在误区,因此规定本身存在严重的逻辑混乱和内容的粗疏与缺失,导致我国的民办非企业单位逐利倾向严重,甚至完全偏离了社会企业的公益性而蜕变为创办者牟利的工具。

(一)名称失当

首先,"民办非企业单位"这一称谓缺乏法律概念的明确性和严谨性,更重要的是这一否定性的表述更是让人对其表征和实质无所适从。一般来讲,对某一事物进行命名都是根据其综合性的特征用肯定的语言来进行概念表述,而"民办非企业单位"却是以否定某类事物来对另一事物进行命名,这一否定性表述方式只告诉人们这一事物不是什么,却无法使人们准确地知道该事物到底是什么。这一粗制滥造的概念表述缺乏法律概念应有的明确性、规范性和严谨性。

其次,所谓的"民办非企业单位"实为企业。从"企业"本身的词源和含义来看,根据《辞海》对"企业"的解释:企业是从事生产、流通或服务性活动的独立核算经济单位。[①] 从该解释可以看出,企业是一个含义非常宽泛的概念,只要能独立核算地从事生产、流通或服务性活动的经济单位都可以被称为企业,而且该解释并未将"是否营利"作为企业的判断标准,因此企业既可以包括以营利为目的的企业(通常意义上的商业企业),也包括不以营利为目的的企业。根据《辞海》对企业的解释,为社会提供服务的教育培训机构、私立医疗机构以及民办养老机构本质上都属于企业的范畴,将其称为"非企业单位"并不恰当。而立法之所以出现这种词义表达的错误,一是由于在"条例"出台的历史时期,当时的立法者只认识到政府与市场的区分,尚未认识到社会作为一个独立场域的存在,认为社会公共服务事业只能由政府或政府创办的事业单位承担,作为市场主体的企业不能承担社会公共服务事业,因此只能将从事教育、文化、卫生等社会公共服务事业的民间组织硬性规定为"非企业单位"。二是由于中国人对企业理解的偏颇。"企业"(enterprise)作为起源于西方资本主义国家的词汇,本身即具备多元的含义,除了我们通常理解的追求利润的工具外,还内含着创新、价值创建、承担风险、追求机会和改变社会等意蕴。只可惜中国人仅仅从第一层意义上来理解和解释企业,而忽视了企业所具有的创新和改变社会的功能。同样,中国人将企业家(entrepreneur)也仅仅理解为一个赚钱的商人,创业(entrepreneurship)通常被认为是赚钱,而不是社会创新或创造。[②] 因此"民办非企业单位"无论从词源含义还是

---

① 《辞海》(缩印本),上海辞书出版社1980年版,第319页。
② 徐君:"社会企业组织形式的多元化安排:美国的实践及启示",载《中国行政管理》2012年第10期。

从实际意蕴来讲都不具备合理性。①

(二) 逻辑混乱

首先,"条例"规定民办非企业单位不以营利为目的,同时又规定其不得从事营利性经营活动,②这是对民办非企业单位非营利性原则的误解。因为非营利性并不意味着不能从事营利性经营活动,而是指经营活动获得的利润不能进行分配。也就是说,判断一个组织是否以营利为目的,并不在于其是否从事经营活动即利润的产生环节,而是其是否将产生的利润在组织创办者之间进行分配即利润的分配环节。因此民办非企业单位的经营活动是否是营利性的根本就无法判断,而只能从是否分配利润来判断其是否是营利性的。实践中几乎所有的民办非企业单位都在进行经营活动,这是民办非企业单位生存的保障,如果把收费作为营利性经营活动的标准,政府机关、事业单位均有收费行为,但没人否认政府机关、事业单位的非营利性质;而且民办非企业单位哪些经营活动属于营利性活动,哪些不属于营利性经营活动,法律却并没有合理的界定与有说服力的解释。③ 从而使得监管机关根本无从判断民办非企业单位哪些经营活动是营利性的,哪些经营活动是非营利性的,这种违反逻辑的法律规定使得监管部门无法对民办非企业单位实施有效的监管。

其次,按照民办非企业单位的组织形式,"条例"将其分为个体型民办非企业单位、合伙型民办非企业单位和公司型民办非企业单位④,而无论是个体企业、合伙企业还是公司都是企业的典型形态,明明是企业却硬要在民政部门登记为"非企业单位",这是明显的自相矛盾表述。

再次,民办非企业单位的三种组织形态中,除了公司型民办非企业单位外,个体型和合伙型民办非企业单位都无法保证组织财产与创办人财产的相互独立性,而组织财产与其创办者财产保持独立是该组织保持非营利性的基本要求,否则就会造成组织财产与其创办者财产的混同,在两者财产混同的情况下根本无法判断该组织是否进行了利润分配,禁止分配原则就无从体现。因此"条例"第25条规

---

① 时立荣、徐美美、贾效伟:"新中国成立以来我国社会企业的产生和发展模式",载《东岳论丛》2011年第9期。
② 《民办非企业单位登记管理暂行条例》第4条规定,民办非企业单位不得从事营利性经营活动;第25条规定,民办非企业单位从事营利性的经营活动的,将被受到警告、限期停止活动等处分。
③ 赵立波:"民办非企业单位:现状、问题及发展",载《中国行政管理》2008年第9期。
④ 《民办非企业单位登记管理条例》第12条规定,准予登记的民办非企业单位,由登记管理机关登记民办非企业单位的名称、住所、宗旨和业务范围、法定代表人或者负责人、开办资金、业务主管单位,并根据其依法承担民事责任的不同方式,分别发给《民办非企业单位(法人)登记证书》《民办非企业单位(合伙)登记证书》《民办非企业单位(个体)登记证书》。

定了对"侵占、私分、挪用民办非企业单位的资产或者所接受的捐赠、资助"的行为规定了严格的法律责任。上述条款表明,民办非企业单位财产应该是独立于设立人(出资人)的,因为如果民办非企业单位财产不是独立财产,又何来设立人(出资人)对其"侵占"或"私分"?但这就带来法律逻辑上的困境:无论是就个体形式的民办非企业单位,还是合作形式的民办非企业单位,单位的财产都无法独立于单位设立人的财产,在两者财产无法区分的情况下,如何来判断民办非企业单位的设立人是否侵占、私分或挪用了单位的财产呢?因此民办非企业单位的非营利性与个体型民办非企业单位和合伙型民办非企业单位的财产权属性存在无法调和的矛盾。①

(三)与相关法律规则之间冲突抵牾

我国的民办非企业单位中教育培训类占了绝大部分,其中的部分原因在于人们对教育的需求呈现多样化,而政府提供的教育资源无法完全满足社会对教育的需求,于是各种教育培训机构应运而生。国家为了弥补政府提供的教育资源的不足,也大力提倡并鼓励社会力量兴办教育事业。社会力量办学在取得教育行政主管部门的办学许可之后,应到民政部门申请民办非企业单位证书并接受民政部门的监管。后来我国为了进一步鼓励社会力量办学,全国人大常委会于2002年颁布了专门的《民办教育促进法》,该法第3条、46条和第51条规定②,民办教育属于公益性事业,享受国家规定的税收优惠,但民办学校在扣除办学成本、预留发展基金以及按照国家有关规定提取其他必需费用后,出资人可以从办学结余中取得合理回报。该条款的"取得合理回报"实质上就是盈余分配的意思,但对于公益性事业各国一般都不允许营利性组织经营,只能由非营利性组织经营,而非营利组织经营就要受"非分配原则"的限制,"合理回报"的表述只是立法为了突破这一限制而做的无奈之举。但这一规定恰恰导致了民办学校在实践中法律适用的尴尬:按照《民办教育促进法》,其创办者有权要求合理回报即利润分配,而根据"条例",创办者又无权进行利润分配。根据法律适用的一般原理,《民办教育促进法》作为全国人大常委会制定的法律,在法律位阶上要高于国务院制定的"条例";从法律制定的先后来看,根据后法优于前法的原则,《民办教育促进法》同样要优先于"条例"得到适用;从特别法优于一般法的法律适用原则看,《民办教育

---

① 税兵:"民办非企业单位制度质疑",载《河北法学》2008年第10期。
② 《民办教育促进法》第3条规定,民办教育事业属于公益性事业,是社会主义教育事业的组成部分。第46条规定,民办学校享受国家规定的税收优惠政策。第51条规定,民办学校在扣除办学成本、预留发展基金以及按照国家有关规定提取其他必需的费用后,出资人可以从办学结余中取得合理回报。取得合理回报的具体办法由国务院规定。

促进法》作为调整民办教育事业的特别法,同样应当优先于"条例"进行适用。因此从理论上分析,民办学校的开办人有权利要求进行适当的利润分配,但其实际的监管机关却是民政部门,而民政部门却往往置《民办教育促进法》的规定于不顾,坚持适用"条例"的规定,不允许民办学校的出资人从办学结余中取得合理回报。

(四)限制竞争

根据"条例"第11条和第13条的规定[①],如果在同一行政区域已经存在业务范围相同或相似的民办非企业单位,登记管理机关对于后来的设立申请不予登记,而且民办非企业单位不得设立分支机构。该规定限制了民办非企业单位之间的自由竞争,在没有竞争压力的情况下,民办非企业单位就不会有改进服务的意识,从而阻碍民办非企业单位的健康成长。该规定甚至违反了公民结社自由的原则,并违背了促进公益事业发展的基本目标。[②]

二、农民专业合作社的法律规制:监管不足与文化失调

(一)监管缺位

我国2006年制定的《农民专业合作社法》在考虑我国经济社会现实的基础上,充分借鉴了欧美国家合作社法的最新发展,因而立法具备较高的科学性,美中不足的是关于政府监管的规定不够完备。立法者迫切希望农民专业合作社发挥其增强农民的市场竞争能力和促进农村经济与社会发展的积极作用,因此规定了力度非常大的政府鼓励和扶持措施,但《农民专业合作社法》规定给予农民专业合作社税收优惠、政策性金融和财政以及项目支持的同时,却没有设置必要的监管措施,政府为农民专业合作社提供的优惠政策给人们带来了一种寻租的预期。[③]

农民专业合作社的健康发展除了需要政府的鼓励和扶持,同样需要政府的监管。而由于监管机制的不到位,使得我国很多地方发生了农民专业合作社骗取国

[①] 《民办非企业单位登记管理暂行条例》第11条规定,有下列情形之一的,登记管理机关不予登记,并向申请人说明理由:(一)有根据证明申请登记的民办非企业单位的宗旨、业务范围不符合本条例第四条规定的;(二)在申请成立时弄虚作假的;(三)在同一行政区域内已有业务范围相同或者相似的民办非企业单位,没有必要成立的;(四)拟任负责人正在或者曾受到剥夺政治权利的刑事处罚,或者不具有完全民事行为能力的;(五)法律、行政法规禁止的其他情形的。第13条规定,民办非企业单位不得设立分支机构。

[②] 任进:"民办非企业单位的若干法律问题",载《天津行政学院学报》2003年第2期。

[③] 杜吟棠:"《农民专业合作社法》的立法背景、基本特色及其实施问题",载《青岛农业大学学报(社会科学版)》2008年第2期。

家补贴的情形。随着各地扶持农民专业合作社发展的财政资金越来越多,以及国家允许财政项目资金直接投向符合条件的合作社,一些合作社除了非法集资,还成为不法分子骗取扶持政策和财政补贴资金的新渠道。最近曝光的一起骗取国家对农民专业合作社补贴的案例便很有代表性。

湖南郴州市某镇农民张某想购买两台享受农机补贴的拖拉机,而该镇现代烟草专业合作社的工作人员邓某熟悉国家农机补贴程序中的漏洞。两人商定利用农机补贴中的漏洞来骗取补贴。于是邓某按照相关程序向自己工作的农民专业合作社申请到了购买两台拖拉机的指标,邓某购买的两台拖拉机的正常市场价格为 13.59 万元,但因为邓某从农民专业合作社处取得了农机补贴指标,享受国家对合作社购买农机的财政补贴 8 万元,因此邓某和张某购买两台拖拉机实际支付了 5.59 万元。随后,邓某和张某将该两台拖拉机以 7.6 万元的价格倒卖给其他人,两人从中赚取了 2 万余元的差价,国家用于农机补贴的 8 万元却被骗。

这起案例仅仅暴露了利用农村专业合作社骗取国家补贴的冰山一角。事实上,随着国家对农业补贴力度的加大,政府每年对包括农民专业合作社在内的各种农村组织都有数额巨大的财政补贴,而由于我国农民普遍存在的文化水平和法律知识的欠缺,再加上农村信息的相对闭塞,很多农民根本就不了解农民专业合作社的运作机制,更不知道国家对农村各种财政补贴的存在,再加上监管机制的缺失,这为一些不法分子包括农业部门的主管官员提供了骗取国家补贴的机会。

(二)法律文化失调

我国的《农民专业合作社法》实施至今已有 10 年时间,虽然有政府的大力扶持和引导,但农民专业合作社在我国的发展并不顺利,很多农村地区甚至根本就不存在农民专业合作社,因此其在增强农民的市场竞争意识和能力方面并不尽如人意。我国一些地区如江浙农村经济发达的原因也并非是因为农民专业合作社制度的贡献,而是因为这些农村地区本来就高度发达的工商业传统以及农民将土地作价入股企业。当然,发生这种情况的原因并非法律规则本身设计的问题,我国的《农民专业合作社法》除了在政府监管的设计方面存在不足之外,总的来说是一部相对完善的立法,《农民专业合作社法》的实施效果不足并非由于法律制度本身出现了问题,而是法律制度与其赖以生存和发展的社会环境和法律文化的失调所致。

法的产生和实施离不开特定的社会环境,也就是马克思所主张的经济基础决定上层建筑。合作社之所以起源于欧洲国家,是因为欧洲地区有着最先发展起来的商品经济,面对强大的机器大工业带来的市场经济的冲击,处于弱势地位的分散的农民、小手工业者以及消费者意识到必须通过团结与合作才能免受资本和市场过度的剥削,才有可能在竞争中胜出,因此欧洲发达的市场经济孕育了其浓厚的合作文化和传统,而浓厚的合作文化和传统又推动了合作社制度的兴盛和发达,一直到今天,各种各样的合作社在很多欧洲国家的经济中仍然占据了重要的地位,并成为欧洲社会企业的最重要的组成部分。而商品经济在我国的发展历史短暂并且历经波折,农村与农民更是经历了长达两千多年的自给自足的小农经济,这决定了他们的主动性只在于家庭简单的精耕细作,①而缺乏团结合作的愿望和能力。直到改革开放的最近二三十年,中国农民才开始被动地经受商品经济的洗礼,然而缺乏团结合作和互助的意识直到今天在中国农村也没有质的变化,这也是我国设计良好的农民专业合作社法律制度没有发挥预期功能的深层次原因。

三、社会福利企业的法律规制:认定标准过于严格

我国的社会福利企业享受比较优厚的税收优惠待遇,然而其发展却日渐式微,数量上更是逐渐萎缩,这其中的原因除了社会福利企业本身的因素如生产和管理落后,无法适应激烈的市场竞争外,另外的一个客观原因便是法律对社会福利企业的认定过于严格。我国最早对社会福利企业的认定标准是残疾人员工占所有员工总数的50%,尽管现在最新的认定标准已经降为25%,但仍然有一个残疾人绝对数量的要求,即残疾人数量不得低于10人,根据该标准,一个企业至少应当有员工40人才有可能成为社会福利企业,这对于中小企业来说是一个很难达到的标准。

另外,社会福利企业的定位是为有劳动能力的残疾人提供工作岗位,但随着社会的发展,除残疾人外,其他社会边缘人群如刑满释放者以及戒毒成功者同样处于就业市场的弱势地位,而且这些人员在就业市场受到的歧视更为严重。这些社会边缘人群稳定的就业和生活来源是使他们自身摆脱原来的恶习过上正常生活的重要保证,从而避免再次犯罪和吸毒给自己和社会造成危害。因此,我国现有的社会福利企业认定标准过于狭窄,应当根据社会的发展进行调整,将更多的就业弱势群体纳入社会福利企业的认定范围。

第三节 我国社会企业法律规制制度的完善

虽然社会企业作为一个概念表述是欧洲经济与社会合作组织于1994年最先

---

① 陈婉玲:"主体认知与合作社法律文化的构建——从民国时期《合作社法》的绩效看《农民专业合作社法》之施行",载《江西社会科学》2010年第7期。

提出,并于 2004 年被我国学者引进,但社会企业并非一种全新的企业组织,而是对同时融合了经济利润目标和社会公益目标的组织的一种身份识别,[1]因此被有的学者称为"新瓶装旧酒"。而我国早在 1998 年就出现的民办非企业单位更是一种典型的社会企业形态;早期的社会福利企业由政府创办,但法律现在允许并鼓励民间资本创办社会福利企业,因此由社会力量投资开办的社会福利企业属于典型的工作整合型社会企业,只是由于认定标准过于严格,社会福利企业在我国的发展出现了衰落;农民专业合作社是我国通过立法予以规范和保障的唯一合作社形式,国家寄希望于通过农民专业合作社增强农民的市场竞争能力,帮助农民提高收入。这三种形态的社会企业对于促进我国经济与社会的公平与和谐发展具有重要的作用,但由于法律制度本身设计的缺陷,导致这些社会企业形式在发展中出现了各种问题,影响了其经济与社会功能更有效的发挥。

为了促进社会企业在我国的健康发展,我国应当借鉴其他国家关于社会企业立法的先进经验来完善我国的社会企业法律制度。在重构和完善社会企业法律制度的过程中,我国是应当学习韩国制定统一的社会企业法？还是对现有的关于社会福利企业、农民专业合作社以及民办非企业单位的法律规范分别进行修补与完善？鉴于我国的社会企业存在多样化的法律形式,不同形式的社会企业无论在企业目标、治理结构还是在利润分配等方面都存在诸多的差异,因此制定统一的社会企业法从立法技术上存在很大的困难。

通过第三章对社会企业立法界定的国际考察可以发现,那些制定专门社会企业立法的国家,如英国、法国、西班牙、葡萄牙、加拿大和韩国等,其社会企业立法规范的仅仅是某种特定形式的社会企业。如韩国的《社会企业育成法》规范的是为弱势群体提供社会服务和就业岗位的社会企业,[2]而不包括其他社会企业类型。同样,英国的《社区利益公司规章》规范的也仅仅是社会利益公司这种社会企业形式,而除了社区利益公司之外,英国还存在其他的社会企业形式,合作社便是英国的一种重要的社会企业法律形式。意大利对社会企业进行统一立法的失败教训可以为我们提供反面的案例。意大利于 1991 年通过的第 381 号法律设立了社会合作社这一社会企业法律形式,后来又于 2005 年颁布第 118 号法律,该法律对所有的社会企业形式,包括社会合作社、基金会以及相关实体机构提供了一个基本的法律框架,然而由于该法规定的这些社会企业法律框架非常的分散、模糊,而且这些不同类型社会企业法律框架的全面落实还需要进一步的立法进行详

---

[1] 金锦萍:"社会企业的兴起及其法律规制",载《经济社会体制比较》2009 年第 4 期。
[2] 金仁仙:"韩国社会企业发展现状、评价及其经验借鉴",载《北京社会科学》2015 年第 3 期。

细规定,因此被认为是一部不成功的立法而广受批评。①

因此,我国现在不宜制定统一的社会企业立法,而应对现有的相关法律规范进行修订和完善,尤其是借民政部修改《民办非企业单位登记管理条例》的时机,用社会企业理念和制度来重构我国的民办非企业单位法律制度。

一、民办非企业单位法律制度:正本清源与规则重构

鉴于《民办非企业单位登记管理条例》无论在名称还是内容上都存在着严重的缺陷,这些缺陷导致了实践中民办非企业单位的乱象,并对我国非营利组织的公信力造成了损害。而且自该条例出台至今将近 20 年的时间里,我国无论在经济、文化还是社会事业方面都经历了巨大的变化,尤其是民间公益组织已经进行了大量社会企业的实践,这些民间自发生成的社会企业采用创新性的商业模式解决诸如如何帮助贫困地区致富、为艾滋病患者提供工作机会等困扰国家和社会的难题,并取得了良好的社会效果,然而由于缺乏法律的明确界定,加上社会企业的混合性特征表现出组织形态的复杂性和多样性,公众难以接受"用市场谋公益"的善意推断,对社会企业的公益性表示怀疑;另外,由于社会企业利用商业运作实现社会目的,公众担心其社会使命偏移至商业目的,降低了公众的认可和信任程度。② 因此这些公益组织创立的社会企业处于做公益却无人认可甚至被公众质疑的尴尬境地。法律应当对这些社会现实做出回应,民政部已经着手进行《民办非企业单位登记管理条例》的修订工作,此次修订将备受争议的"民办非企业单位"名称改为"社会服务机构",将《民办非企业单位登记管理暂行条例》名称改为《社会服务机构登记管理条例》,并已经向社会发布《社会服务机构登记管理条例(征求意见稿)》供公众提出修改意见。③

《社会服务机构登记管理条例(征求意见稿)》(以下简称《征求意见稿》)一方面纠正了原《民办非企业单位登记管理条例》中的逻辑错误,另一方面吸收了社会企业发展的最新理论与实践成果,但在理念以及具体的规则构建方面仍然有待完善。

(一)关于社会服务机构的名称

首先,如同民办非企业单位中的"单位"一样,社会服务机构中的"机构"一词

---

① Legal framework for social economy and social enterprises: A comparative report, UNDP Regional Bureau for Europe and the Commonwealth of Independent States, 2012, pp. 24.
② 张军果、张燕红、甄杰:"社会企业:内涵、欧美发展经验及其启示",载《企业经济》2015 年第 4 期。
③ 内容详见民政部网站:http://www.mca.gov.cn。

同样不是一个规范的法律概念,这种表述的不规范性既不利于公众理解该"机构"的本质,更影响到其法律责任的承担。根据《征求意见稿》的界定,社会服务机构是指自然人、法人或者其他组织为了提供社会服务,主要利用非国有资产设立的非营利性法人。从该界定可以看出,社会服务机构只能是法人,而根据我国民法理论对法人的分类,法人根据可以分为财团法人和社团法人,财团法人表现为基金会,而基金会自身并不能直接进行生产或提供服务,因此社会服务机构不可能是财团法人,而只能是社团法人。在我国,社团法人主要表现为公司,因为只有公司才能保证组织财产与创办人财产的独立性,从而保证组织的非营利性。鉴于此,为了法律概念的规范和明确,应当直接将社会服务机构的法律形式确定为公司。

其次,《征求意见稿》将社会服务机构限定为"向社会提供服务",如果直接生产产品如救灾或环保产品,并且不向创办者分配利润而是将利润用于扩大再生产和科技开发与研究,这样的企业完全是以社会公益为目的并且不向创办者分配利润,但是因为其不属于"向社会提供服务",因而无法被纳入社会服务机构的范畴。因此《征求意见稿》将社会服务机构仅仅限定为"向社会提供服务"会阻碍生产型企业参与社会公益事业的积极性,因此应当改为"向社会提供产品或服务"。

再次,律师事务所以及会计师事务所等社会中介组织同样是为社会提供服务的组织,而且通常一般也被称为社会服务机构,但这些社会服务机构是利用其向社会提供的服务赚取利润的,是典型的营利性组织,因此,社会服务机构与以营利为目的的社会中介组织存在交叉和重叠,而这会干扰公众对其非营利性的认知。

鉴于上述三点理由,我们应当摒弃社会服务机构这一称谓,借鉴英国的社区利益公司和加拿大的社会贡献公司的经验,直接采用社会贡献公司这一称谓,并将社会贡献公司定义为:自然人、法人或者其他组织为了实现特定的社会目的,主要利用非国有资产设立的从事商品生产或服务的非营利性法人。

(二)关于社会服务机构的定位:与慈善组织的关系

根据民政部对《社会服务机构登记管理条例(征求意见稿)》的说明,因为2016年3月通过的《中华人民共和国慈善法》(以下简称《慈善法》)将民办非企业单位更名为社会服务机构,为了与《慈善法》的表述相衔接,所以本次修改将民办非企业单位更名为社会服务机构。民政部的这种解释并不合理,因为《慈善法》中的"社会服务机构"只是对从事公益服务组织的一个统称,《慈善法》是对慈善组织与慈善事业的规范,无意也不可能对民办非企业单位进行更名。但这的确引发了一个关于社会服务机构定位的问题:社会服务机构与慈善组织的关系是什么?社会服务机构包含慈善组织?还是两者之间互相独立因而适用不同的法律规制?如果是前者的话,从《征求意见稿》关于社会服务机构的业务范围①的规定可以看出,社会服务机构分为科技类社会服务机构、公益慈善类社会服务机构和城乡社区服务类社会服务机构,而公益慈善类社会服务机构的业务范围与慈善组织的慈善目的②完全相同,在这种情况下,从事扶贫、济困、扶老、救孤、恤病等事业的社会服务机构完全可以登记为慈善组织,而不会登记为社会服务机构,因为慈善组织享受的税收优惠程度要超过社会服务机构。这样的话,《修改意见稿》关于公益慈善类社会服务机构的规定就会被架空。如果是后者,立法就应当明确公益慈善类社会服务机构和慈善组织的区别,两者之间更具可识别性的区别在于对"非营利性原则"的遵守程度不同,慈善组织应当严守"非分配原则"的约束,绝对禁止进行利润分配,而社会服务机构作为创新型的非营利组织可以进行有限的利润分配。

(三)关于社会服务机构的非营利性

《征求意见稿》摒弃了原《民办非企业单位登记管理条例》中"不得从事营利性经营活动"的逻辑混乱表述,并直接将社会服务机构界定为"非营利性法人",体现了立法部门对非营利组织认识的进步,但要求社会服务机构做到绝对的"非营利性",在公民社会尚未充分发育,公益慈善观念没有得到广泛普及的当下中国社会,似乎并不现实。现有的民办非企业单位虽然要求不得分配利润,但由于监管尤其是税务监管的缺位,创办人完全可以通过虚列支出等各种手段套取利润,绝大多数的民办非企业单位都蜕变为创办者牟利的工具,其非营利性原则完全被虚置。因此在当下中国经济与社会发展的现实条件下,严格按照非营利性原则要求社会服务机构将会阻碍其健康发展。我们必须承认非营利性组织的发展不是一蹴而就的事实,而是长期培育发展的结果。因此,当务之急是设定社会服务机构的非营利性底线,保障必要的非营利性。③

1. 社会服务机构保持非营利性的必要

首先,社会服务机构应遵循非营利性原则的限制在于其提供的服务具有公共物品的属性。经济学研究表明,公共物品或准公共物品不宜通过市场来提供,因

---

① 《社会服务机构登记管理条例(征求意见稿)》第10条规定:设立以下社会服务机构,直接向登记管理机关申请登记:(一)在自然科学和工程技术领域内从事学术研究和交流活动的科技类社会服务机构;(二)提供扶贫、济困、扶老、救孤、恤病、助残、救灾、助医、助学等服务的公益慈善类社会服务机构;(三)为满足城乡社区居民生活需求开展活动的城乡社区服务类社会服务机构。

② 《中华人民共和国慈善法》第三条规定,慈善目的包括:(一)扶贫济困、扶助老幼病残等困难群体;(二)救助自然灾害等突发事件造成的损害;(三)促进教育、科学、文化、卫生、体育等事业的发展;(四)防治污染和其他公害,保护和改善环境;(五)符合社会公共利益的其他活动。

③ 赵立波:"民办非企业单位:现状、问题及发展",载《中国行政管理》2008年第9期。

为一方面企业以追求利润最大化为目标,它不会为购买不起的穷人提供产品或服务;另一方面,社会公共物品或准公共物品具有信息非对称的特征,销售者很容易利用这种信息非对称来牟取暴利。而非营利组织由于受到"非分配性原则"的约束,其追求利润最大化的欲望自然会受到遏制,因而更容易以较低的价格提供更好的产品或服务。因此,社会公益事业不适宜于主要依靠市场来提供,而必须大部分通过公立机构或私立非营利组织来提供。因此在社会公共服务领域,各国一般都倾向于鼓励民办机构以非营利组织的形态存在,并给予非营利机构政策上的优惠和扶持。而正由于非营利机构在该领域的主体地位,才可以有效制约该领域营利机构的价格水平和非道德行为。[①]

其次,社会服务机构的公益性同样需要其遵守非营利性作为保障。社会服务机构虽然提供具有公益性的公共物品或服务,但这并非其公益性的必要条件,因为人们对社会公共物品的需求存在分层,只有社会公众普遍需求的社会公共物品才具有公益性的特征,少数群体对社会公共物品的高端需求则并不必然具有公益属性,如在少数发达城市存在的收费高昂的贵族学校很难说其具备公益性。因此公益性是一个内涵和外延都存在极大不确定的概念,社会服务机构的公益性不应仅仅从其提供的服务来确定,还应通过遵守非营利性来使公益性的确定更加明确直观。

2. 坚持社会服务机构绝对的非营利性超越了中国社会发展的现实

非营利组织的发展和兴盛依赖于公民社会的充分发育,然而我国两千多年的封建专制统治却对公民社会的形成和发展造成了极大的遏制,因此我国历史上就缺乏公民社会意识。中华人民共和国成立后,我国实行高度集中的计划经济体制,政府垄断政治、经济和社会领域的一切资源,无论是政府还是社会公众根本就没有公民社会的观念和认识,改革开放之后,我国才开始实行政府与市场的分离即所谓的政企分开,但对于政府与市场之外独立存在的第三域——社会领域仍然没有足够的认识,直到最近几年,在学者们的呼吁下,我国政府才认识到一个健康发展的公民社会对于国家的意义,并开始逐渐从社会领域退出。因此,我国并没有经历西方国家所经历的市场经济与公民社会充分发育的历史阶段,虽然在过去的四十多年,我国经济发展取得了举世瞩目的成就,然而社会领域却并没有获得相应的发展,这些都决定了非营利组织在我国的发展还需要一个长期培育的过程。如果我们不顾中国经济与社会发展的现实,严格禁止社会服务机构进行利润分配,那无异于拔苗助长,最终会扼杀社会服务机构的健康发展。

[①] 邓国胜:"民办非企业单位与中国社会事业的发展",载《学会》2015 年第 12 期。

3. 现实的选择:坚持有限的非营利性

在拥有四百多年慈善法制传统的英国,其社区利益公司都是允许有限的利润分配,而非绝对禁止利润分配。而在公民社会刚刚发育,公益慈善理念并不发达的当下中国,要求社会服务机构做到完全的"非营利性"只能是立法机关一厢情愿的想法,现实中也会迫使社会服务机构的创办人通过暗度陈仓、移花接木等手段转移利润。因此务实的选择是借鉴英国社区利益公司的做法,允许社会服务机构在保持非营利性的前提下进行有限的利润分配,并且对于可分配的利润上限做出规定,同时为了鼓励坚持绝对非营利性的社会服务机构的发展,在政府补贴、税收优惠等扶持措施上对两者加以区别对待,这样能鼓励更多有社会公益理想的人创办社会服务机构。

关于社会服务机构的利润分配问题,我国《民办教育促进法》的规定不失为一个现实的选择。该法第 51 条规定:民办学校在扣除办学成本、预留发展基金以及按照国家有关规定提取其他必要费用后,创办人可以从办学结余中取得合理回报。该法规定的便是民办学校利润分配的有限性而非完全禁止利润分配,目的是鼓励社会资本兴办教育事业,以弥补国家教育投入的不足。在教育事业之外的社会公共服务事业领域,同样可以借鉴《民办教育促进法》的这一做法。以养老事业为例,我国已经步入高度老龄化社会,伴随着家庭规模的缩小和女性广泛就业的趋势,我国传统的家庭养老模式日渐式微,因此在不久的将来,失能老年人的照护将会成为一个严重的社会问题并具有公共物品的属性,需要政府承担相应的责任,我国《老年人权益保障法》第 5 条、第 6 条和第 39 条已经规定了政府对老年服务事业的投入和扶持责任,但政府的投入远远无法满足养老事业的需求,需要鼓励和引导社会资本共同参与养老服务事业,而绝对禁止养老服务机构进行利润分配违背了资本的趋利本能和我国经济社会发展的现实,因此现实的选择是既要尊重民间资本追逐利润的需求,同时又要通过法律与制度设计将利润分配限制在必要的范围内,只有这样才能实现养老服务事业和社会资本的双赢,从而促进我国社会养老服务事业的健康发展。

(四)社会服务机构剩余财产的处置

传统的非营利组织如慈善组织应严格遵循"资产锁定原则",该原则意味着非营利机构在终止时的剩余财产不得由组织的创办者收回,而是归政府所有或按照近似原则转交给具有相同或相似慈善目的的慈善组织。因为从成立之日起,非营利组织的财产就与其创办人完全分离,并且在终止时也无权被收回,因此非营利组织的财产具有社会财产的属性。我国的《民办非企业单位登记管理条例》虽然规定了民办非企业单位不得分配利润,但对于终止时的剩余财产处理未做规定。《社会服务机构登记管理条例(征求意见稿)》弥补了这一立法漏洞,该《征求意见稿》第 24 条规定,社会服务机构清偿债务后的剩余财产,应当依照章程的规定用于特定的社会服务和公益目的,无法按照章程规定处理的,由登记管理机关组织捐赠给与该社会服务机构性质、宗旨相同的非营利组织,并向社会公布。

对社会服务机构剩余财产处置的这一规定如同完全禁止社会服务机构分配利润的要求一样,在公益慈善理念并不发达的中国并不具备现实可行性,现实的做法是尊重社会服务机构创办人剩余索取权的需求,可以借鉴加拿大社会贡献公司和韩国社会企业的做法,允许社会服务机构的创办人收回一定比例的剩余财产,其余的剩余财产由政府接收或转交给具有相同或相似社会目的的社会服务机构。

(五)社会服务机构的认定

并非所有从事教育、文化、体育、卫生等传统上被视为社会公益服务的组织都必然是社会服务机构,因为随着经济社会的发展和人们需求层次的提高,传统上的社会公共事业的提供主体产生了分层,政府和非营利组织承担基本的社会公共服务的提供责任,对于占少数的高端社会公共服务需求则由市场进行提供。以教育事业为例,虽然政府和非营利组织承担了一个国家最主要的公共教育资源的供给,但仍然会允许营利性组织来负责高端教育需求的供给,我国著名的新东方教育集团便是一个典型的营利性公司。鉴于此,为了防止营利性组织伪装成非营利的社会服务机构,我国应当借鉴英国社区利益公司和韩国社会企业的做法,制定专门的社会服务机构认定标准,并通过专门的程序进行社会服务机构的认定。如前文论述的,社会服务机构属于公司型社团法人,因此应当首先到工商管理部门进行公司登记注册取得法人营业执照,然后再向主管政府机关(一般为民政机关)申请社会服务机构认定。

虽然社会服务机构被界定为从事社会公共服务事业的非营利法人,但社会公共服务事业是一个内涵和外延都不确定的表述,因此为了对社会企业的认定提供更为明确的指导,可以将如下三个因素作为社会服务机构的认定标准:(1)在组织目标上,社会服务机构以残疾人、老年人、失业者、低收入者等弱势群体为首要服务对象,或者为他们提供工作机会;(2)在收入来源方面,社会服务机构的收入应主要来源于商品销售或服务的提供;(3)在利润分配上,社会服务机构的绝大部分利润应用于公益目标和企业自身运营,而不是归于投资人或者股东;(4)在资产处置方面,在社会服务机构解散时,其创办人只能收回特定比例的剩余资产,其余的剩余资产应转交给其他社会服务机构或者公益组织所有。

(六)社会服务机构的监管

我国的公益慈善事业本来处于起步阶段,各方面的制度建设尤其是监管机制还存在诸多不完善之处,近年来又有持续不断的丑闻事件,民办非企业单位更是利用监管的漏洞成为创办人赚取巨额利润的工具,因此社会公众对公益慈善组织的信任度并不高。在这种社会背景下,"使用商业手段解决社会问题"的社会企业——社会服务机构难免就更让人疑虑重重了。对于兼具公益性和商业性的社会服务机构而言,如何在趋利导向的市场中不为资本所"捕获"而失去公益性目标的优先考量,在实现经济目标可持续性运营的过程中确保社会目标始终不被偏离,需从社会企业的内部治理和市场的外部规制两个方面双向努力,共同作用以提高社会服务机构的可信度、透明度和可问责性。[1] 因此构建社会服务机构的监管机制是确保其公益性和非营利性的根本保证。

首先,关于社会服务机构的登记和监管机关,由于作为非营利法人的社会服务机构的组织形式只能是公司,因此其登记注册应当首先到工商管理机关进行公司注册,获得公司注册后再到民政机关申请社会服务机构证书,社会服务机构证书是判断该组织能够享受政府给予非营利组织优惠政策的前提。在业务活动中,社会服务机构要接受工商行政管理机关和民政部门的共同监管,但这两个部门监管的内容不同,社会服务机构同普通营利性企业一样,接受工商管理机关对其日常经营合法性的监管,而民政部门则负责对社会服务机构是否遵循了非营利性要求进行监管。

其次,关于监管机关对社会服务机构的监管内容,社会服务机构应当每年向民政部门提交年度报告,年度报告应包括两部分内容:财务报告和社会报告,财务报告反映社会服务机构的业务收入和支出情况,社会报告描述社会服务机构为了实现社会目的而开展的活动情况以及取得的效果。对于规模较大,年收入超过一定数额的社会服务机构,应当要求其提交经过第三方审计的财务报告,以防止其在财务报告中的弄虚作假行为,从而真正确保社会服务机构的非营利性。税务机关的税收监管对确保社会服务机构的非营利性同样至关重要,因为社会服务机构的创办者或管理人完全可以通过虚列开支等欺骗性手段侵吞社会服务机构的财产或利润,因此应当形成民政部门和税务机关的联合监管机制,税务机关在日常税务检查中发现社会服务机构存在虚列支出等违规行为时,除了可以自行进行税务处罚外,情节严重的还应当由民政部门撤销其社会服务机构认定。

(七)社会服务机构的信息公开制度

由于社会服务机构的创办人作为"经济人"的逐利倾向和政府监管资源和能

---

[1] 郑夏蕾:"中美社会企业法律规制比较研究及对中国的启示",载《科学·经济·社会》2015年第3期。

力的不足,单靠组织自律和政府监管并不能保证社会服务机构的非营利性和公益性,因此有必要引进社会监督机制,而社会监督的途径便是信息公开制度。《征求意见稿》设立专门一章对社会服务机构的信息公开义务进行了规定,其中的第45条规定了社会服务机构信息公开的内容,①但美中不足的是该规定将社会服务机构向社会公开其年度财务报告设定为选择性义务,而财务报告作为年度报告的核心内容应当是必须向社会公开的,无论是上市公司的信息公开还是慈善组织的信息公开都要求其公开财务报告,并且为了确保财务报告的真实性,法律还要求其财务报告经过独立第三方的审计。所以,社会服务机构信息公开的内容中必须包括其年度财务报告,公众可以通过其公开的财务报告了解其收入和支出状况,并发现违规线索,从而有效地遏制社会服务机构的违规行为。

(八)关于社会服务机构的税收优惠

社会服务机构的公益性和非营利性为其享受税收优惠提供了法理基础,但由于社会服务机构同时也作为企业广泛深入地参与市场竞争,并且由于公益性难以确定,以及社会服务机构遵循的是有限的非营利性,为了防止其滥用税收优惠地位并对其他市场主体构成不正当竞争,对社会服务机构税收优惠的赋予要经过审慎的考量和调研,政府可以通过其他扶持措施而不必依赖税收优惠来促进社会服务机构的发展,如英国的社区利益公司不享有税收优惠地位,政府对社区利益公司的扶持表现为政府对其设立资金的补贴以及政府采购中的优先选择。考虑到我国社会服务机构创办人公益目的和公益理念的良莠不齐,我国应当借鉴英国的做法,不宜直接赋予社会服务机构税收优惠待遇,而是通过其他方式扶持社会企业的发展,这样能够使政府拥有更大的灵活性来扶持那些真正具备公益性的社会服务机构的发展。

二、农民专业合作社法律制度:完善监管

(一)完善农民专业合作社的监管机制

我国《农民专业合作社法》规定政府应采取各种扶持措施支持农民专业合作

---

① 《社会服务机构登记管理条例(征求意见稿)》第45条规定,社会服务机构应当于每年1月1日至6月30日,通过登记管理机关统一的信息平台向登记管理机关报送上一年度工作报告。社会服务机构年度工作报告内容包括:(一)基本信息;(二)业务活动情况;(三)组织机构情况;(四)接受有关部门监督管理的情况;(五)监事意见;(六)履行信息公开义务的情况;(七)财务会计报告;(八)登记管理机关要求的其他信息。前款第(一)至第(六)项信息应当向社会公开,第(七)至第(八)项信息由社会服务机构选择是否向社会公开。依法登记或者认定为慈善组织的社会服务机构,年度工作报告及公开的内容还应当包括注册会计师审计报告。

社的发展,包括税收优惠、金融支持以及资金扶持等,①2013年中央1号文件更是将农民合作社定位为"带动农户进入市场的基本主体,是发展农村集体经济的新型实体,是创新农村社会管理的有效载体"。随着国家对农民专业合作社的日益重视,政府对其的补助也将加强,然而《农民专业合作社法》却没有任何关于政府监管措施的规定,导致实践中经常发生国家对农民专业合作社的补贴和优惠被冒领的现象。因此应当考虑增加政府行政监管的法律条款。

首先,关于政府对农民专业合作社进行监管的必要性和合理性。农民专业合作社作为一种具有公益性的特殊企业组织形式,享受政府提供的各种优惠和补贴措施,为了确保这些政府优惠和补贴被真正用于促进农民专业合作社的发展,而不是被不法侵占,必然需要政府对补贴的去向和效果进行监管。

其次,构建农民专业合作社监管制度的首要问题便是确定监管主体。一般来说,组织的注册登记机关往往就是其监管机关,但农民专业合作社比较特殊,农民专业合作社作为一种特殊的企业组织形式是在工商管理部门登记注册,但其业务监管机关更适宜由农业行政主管部门来充当,因为无论是政府对农民专业合作社的资金扶持还是金融优惠,都是通过农业行政主管部门来进行或主导协调的,作为优惠资源的提供者,农业行政主管部门比工商部门更适宜作为农民专业合作社的监管主体。

再次,关于政府监管的内容和方式,应建立农民专业合作社的年度报告制度。鉴于农民专业合作社的公益性以及政府对农民专业合作社的扶持和优惠制度,农民专业合作社享受的优惠和补贴幅度甚至要高于慈善组织,因此农民专业合作社年度报告的内容应当借鉴慈善组织和社会服务机构年度报告的内容,年度报告的内容主要包括农民专业合作社的业务开展情况和财务报告,财务报告应当详细说明农民专业合作社的收入情况和资金使用情况以及盈余情况,尤其是对政府补贴的使用情况以及效果。在监管过程中应当对获得政府财政扶持资金、金融优惠服务和税收优惠的合作社进行重点监管,监管的内容包括合作社的成员账户、会议记录以及年终财务报表等。② 只有通过完善的监管机制才能保证农民专业合作

---

① 《农民专业合作社法》第50条规定,中央和地方财政应当分别安排资金,支持农民专业合作社开展信息、培训、农产品质量标准与认证、农业生产基础设施建设、市场营销和技术推广等服务。对民族地区、边远地区和贫困地区的农民专业合作社和生产国家与社会急需的重要农产品的农民专业合作社给予优先扶持。第51条规定,国家政策性金融机构应当采取多种形式,为农民专业合作社提供多渠道的资金支持。具体支持政策由国务院规定。国家鼓励商业性金融机构采取多种形式,为农民专业合作社提供金融服务。第52条规定,农民专业合作社享受国家规定的对农业生产、加工、流通、服务和其他涉农经济活动相应的税收优惠。

② 苑鹏:"《农民专业合作社法》关于政府与合作社关系的立法定位",载《青岛农业大学学报(社会科学版)》2008年第3期。

社的健康发展,并更好地发挥其提升农民市场竞争意识,促进农村经济和社会发展的功效。

(二)培育农民团结互助的合作社法律文化

我国的《农民专业合作社法》规定了完善的农民专业合作社主体法律制度,并规定了政府对农民专业合作社的扶持义务,实践中政府也在采取包括资金补贴和金融支持等各种措施鼓励农民专业合作社的发展。然而农民专业合作社的发展却并未取得预期中的繁荣局面,《农民专业合作社法》的实施效果也不尽如人意,这其中固然包括城镇化导致的农村人口与资源外流这一客观原因,但最为根本的原因是长期的小农经济传统导致的农民团结互助的合作社法律文化的薄弱。农民专业合作社法律制度设计得再完美,但如果作为合作社主体的农民不了解这种制度能给自己带来什么利益,不了解立法为他们设计的制度的优越性所在,自然就会缺乏自发组织合作社的热情,甚至对农民专业合作社产生误解。[①] 因此,《农民专业合作社法》取得良好实施效果的关键在于培育农民团结互助的合作社法律文化。

法律文化的培育和养成是一个循序渐进的过程,并需要经济的、政治的和社会的各方面因素的共同作用,但教育和宣传无疑是其中一个重要的环节。农民合作社法律文化培育的关键在宣传,因为合作社对于中国农民来说属于舶来品,绝大多数中国农民都不了解农民专业合作社到底是什么,因此要通过各种宣传途径向农民讲述农民专业合作社的功能和作用以及运营规则,让农民了解农民专业合作社能给自己带来的利益和实惠。农民专业合作社法律文化的培育还需要通过典型合作社的示范和带动,政府可以重点培育一批运作成功的农民专业合作社,并组织农民到这些合作社参观学习,让农民在具体案例和实践的学习中掌握农民专业合作社的运作知识。

三、社会福利企业法律制度:放宽认定标准

残疾人的生存和就业状况是一个国家社会保障水平的直接反映,就业不仅能使残疾人通过自己的劳动维持生活,更可以让他们平等地融入社会并有尊严地生活。作为吸收残疾人就业的重要渠道,社会福利企业在保障残疾人就业的过程中始终发挥着重要的作用。[②] 但由于社会福利企业的认定标准过于严格,导致社会

[①] 陈婉玲:"主体认知与合作社法律文化的构建——从民国时期《合作社法》的绩效看《农民专业合作社法》之施行",载《江西社会科学》2010 年第 7 期。

[②] 时立荣、刘菁:"残疾人公民权利的保障性研究——关于中国社会福利企业税收优惠政策的思考",载《北京科技大学学报(社会科学版)》2013 年第 5 期。

福利企业的数量日渐萎缩,影响了其社会效果的发挥。而为残疾人等就业弱势群体提供就业岗位的工作整合型社会企业无论在欧洲国家还是亚洲的日本、韩国,都是最为重要的一种社会企业类型,我国应当充分学习和借鉴欧洲国家和韩国就业导向型社会企业的经验,将社会福利企业的认定标准予以放宽,以充分发挥社会福利企业为就业困难群体提供就业岗位的功能。

首先,在认定社会福利企业时,除了统计其安置的残疾人的数量,还将其他就业弱势群体如戒除毒瘾者、刑满释放人员等考虑在内;其次,由于政府已经不再出资兴办社会福利企业,而是鼓励私营经济创办社会福利企业,而私营企业绝大多数是中小企业,现有的社会福利企业的认定标准除了要求安置的残疾人员工占员工总数的25%之外,还同时要求残疾人员工总数不得少于10人,这就意味着企业至少要雇用40名以上的员工,这种要求会将大多数中小企业排除在社会福利企业的认定范围之外,这也是社会福利企业数量急剧减少的根本原因。因此,应当将安置的残疾员工的数量进行适当降低。

社会福利企业通过安置残疾人等就业弱势群体就业,既减轻了家庭和政府的负担,又能减少犯罪等社会不安定因素,促进社会的稳定和和谐。因此社会福利企业的发展以及功能的良好发挥对于家庭、政府和社会都具有不可低估的价值,政府和社会有必要对社会福利企业的发展提供各种支持,我国的社会福利企业享受政府赋予的税收优惠,考虑到社会福利企业对社会的积极意义,除了税收优惠外,政府还应当提供其他扶持措施,如借鉴韩国政府的做法,对社会企业给予一定的工资补贴,另外政府在安排公共采购时应优先考虑社会福利企业的产品等。

享受政府的优惠政策必然意味着接受政府的监管,应该说在各种社会企业形式中,社会福利企业享受的优惠幅度最大,其不但享受政府提供的税收优惠,而且在盈余分配上不像其他社会企业形式那样要受到限制,国家对社会福利企业的优惠政策更容易被滥用,必须辅之以适当的政府监管。因为社会福利企业的价值和功能在于为残疾人等就业弱势群体提供工作岗位,并且其利润分配不受限制,因此政府监管的重点不在于其财务报告,而是其雇佣的残疾人等就业弱势人群的数量。作为社会福利企业认定机关的民政部门应当开展定期和随机抽查,以检查社会福利企业是否真正雇用了相应数量的特定的就业弱势群体,以防止不符合要求的企业冒用社会福利企业的名义骗取政府的优惠待遇。

结　语：
用法律制度促进社会企业在中国的繁荣

　　社会企业在全球各地的发展实践表明,同时追求经济价值与社会价值的社会企业几乎能够在社会各个领域发挥作用,如帮助贫困人口摆脱贫困,为残疾人等弱势群体提供就业机会、弥补政府在医疗卫生与教育领域公共服务的不足,尤其是在老龄化趋势中面对政府提供的养老服务的不足,社会企业更是大有可为。社会企业之所以在最近二十多年来获得了全球的关注和蓬勃发展,就在于传统意义上的社会三大部门——市场、政府和社会未能对不断增多的全球性社会问题给出充分有效的解决方案。实际上,社会企业的兴盛和发展恰恰是对传统社会三大部门治理失灵的有益补充。

　　中国在改革开放四十多年的时间里取得了举世瞩目的经济成就,已经成为世界第二大经济体,然而经济的发展反而给中国带来了愈加严重的贫富分化问题。中国的一些落后地区以及弱势群体并没有分享到经济发展所带来的好处,反而成为市场经济的牺牲者。中国执政党和政府已经认识到之前单纯追求经济增长所带来的种种弊端,开始在治国理政中融入共享发展理念。共享发展注重的是解决社会公平正义问题,让广大人民群众共享改革发展成果。《中国共产党十八届五中全会报告》指出:公平均衡是我们始终传承的基因,共建共享是我们始终追求的目标。"十三五"期间,我们要将共享理念贯穿于经济社会发展的方方面面。要做出更有效的制度安排,保障共享发展得以实现。习近平也指出:"不论处在什么发展水平上,制度都是社会公平正义的重要保证。我们要通过创新制度安排,努力克服人为因素造成的有违公平正义的现象,保证人民平等参与、平等发展权利。"正如市场只是发展经济的手段一样,作为市场主体的企业既可以被用来作为赚取利润的工具,也可以被用来作为造福和改造社会的手段。作为市场与公益慈善相融合的社会企业兼具经济目的和社会目的,与共享发展理念具有高度的契合性,能够成为推动中国经济发展和社会公平的重要力量。

　　社会企业除了能缓解市场竞争造成的贫富分化和社会不公之外,在承担社会公共服务方面更具有不可估量的价值。改革开放之后由社会投资兴办的民办非企业单位如民办教育机构和民办医疗机构在教育培训、医疗保健等社会服务领域发挥了重要的作用,提供社区服务的家政企业在中国城镇化背景下解决了大量进城务工人员以及城市下岗职工的就业问题。中国在 21 世纪初已经进入老龄化社会,中国之前实行的严厉的计划生育政策导致绝大多数家庭只有一个子女,如今中国第一代独生子女的父母已经步入老年,一旦发生父母失能的情形,这些独生子女根本就没有能力对失能父母进行照护。因此,中国政府希望大力发展民办养老机构来解决失能老年人的照护问题,而社会企业无疑是民办养老机构可以采取的最为有利的形式。

当然,社会企业的发展既需要发达的市场经济,又需要成熟的公民社会和全社会浓厚的公益慈善氛围,而这些因素在中国的发展都不令人满意。因此社会企业在中国的发展不可能一蹴而就,而需要经过相当长时期的培育。我国在强调发展市场经济的同时,还更应引导和培育人们的公益慈善观念。因为社会企业成立与发展的关键动因首先是慈善文化,而且更为强调"授人以渔"的慈善方式,从而也更具现代慈善含义。鉴于我国公益慈善文化的相对薄弱和社会公众公益慈善观念的缺乏,要在我国发展社会企业,必须培育公民的慈善观念和社会的慈善文化,只有将慈善文化内化为我国公民的精神和生活需求,社会企业才能真正获得深厚的社会基础和土壤。

慈善文化仅仅为社会企业的发展提供了内在的动因,社会企业的健康发展同样需要外部的法律规制。因为每个人都同时具有"道德人"和"经济人"的双重属性,"道德人"属性激发了人的慈善观念和慈善行为,而"经济人"属性则使得人随时具有谋求自身经济利益的冲动,因此只有通过设计科学的法律规制制度,才能确保社会企业真正能服务于社会目的。

最后要强调的是:社会企业与空想社会主义理论和早期的空想社会主义实验具有高度的相融性。托马斯·莫尔在其出版的《乌托邦》中呼吁建立一个没有个人财产所有权的世界,在乌托邦,所有的劳动都是用于提高社会福利,用于改善全体人民的生活状况。《乌托邦》成为后来影响社会主义、社会企业等社会制度探索的重要思想渊源。空想社会主义者如欧文等人将托马斯·莫尔在《乌托邦》中所描述的社会理想进行了早期的社会主义实践,尽管这些社会主义实践由于各种主客观原因最终失败,但其蕴含和发展的社会企业思想和制度却在欧洲延续并发展至今。因此,通过考察社会企业产生和发展的历史我们可以发现,社会企业与社会主义制度具有内在的契合性,在当前社会企业实践高涨的潮流和背景下,经过国家的因势利导和科学的制度设计,社会企业能够在中国发挥比在西方国家更好的经济与社会功能。

致　谢

时光荏苒,四年的博士生涯转瞬即逝,博士论文的写作也终于告一段落,如果说前两年的博士课程学习是一个令人愉悦的输入程序的话,后两年的论文构思和写作过程则是一个艰苦的输出过程。未读博士之前便听已经博士毕业的同学和朋友谈到博士论文写作的艰辛,如今自己亲身体验了这一过程,才深刻体会到什么叫"为伊消得人憔悴"。博士论文的写作是一个不断反思和自我否定的过程,是对自己的观点不断推敲和锤炼的过程,在这一过程中收获的是不断拓展的思维境界。虽然辛苦,但付出的同时也伴随着收获和回报,博士生涯让我收获了学术的提升、同窗友谊的积累,更有视野和人生境界的开阔。满满的收获的同时,更是深深的感恩。

首先感谢我的指导老师杨海坤教授,每次跟老师交流,总会被他深邃的思想和渊博的学识深深折服,杨老师对中国行政法学发展的贡献更是让人高山仰止。老师为我提供了开放和宽容的学术环境,使我能够按照自己的兴趣和积累进行博士论文的选题和写作,在论文写作过程中,杨老师的鼓励和指导更是让我时常体会到什么是"山重水复疑无路,柳暗花明又一村"的美好境界。

感谢山东大学法学院的武树臣教授、肖金明教授、齐延平教授、柳忠卫教授、柳砚涛教授、张晏瑢教授、周长军教授、王德志教授、李忠夏教授、李道军教授、傅礼白教授、桑本谦教授和魏建教授,诸位老师在课堂上所展现的博学和睿智以及对学术孜孜不倦的追求让我真正感受到学术的真谛。感恩山东大学法学院为我们提供的学术环境和学术平台,更感恩法学院各位老师对我们的培养。

感恩山东大学法学院 13 级博士同学组成的温暖的集体,李长城师兄的温文尔雅、刘尚华师兄的敦厚朴实、刘旭华师兄的睿智幽默、曹磊的机智善辩、杨志超的勤奋能干、周莹的冰雪聪明、孙遥的优雅智慧、韩旭的机智可爱、乔杉的温柔热心,还有侯莎莎、温衡、姜海洋、刘煜、杨唯希、马勇、汪强,每一名同学都是一道亮丽的风景,在这四年的学习生涯中,我们相互鼓励,相互支持,使人近中年的我还能收获如此深厚纯真的同学友谊。

感谢家人的理解与支持,我攻读博士期间不但疏于承担对家人的照料责任,更是让他们分担了本应由我承担的职责。尤其感谢我的公婆,为我提供精神和物质支持,并帮助我照顾年幼的孩子。没有家人的理解和付出,我很难在预定的时间内完成博士论文的写作。

还有诸多在我人生中提供各种帮助的人,没有你们的帮助,我无法走到今天,唯有用更完善的自己来表达这一份份沉甸甸的感恩。

董蕾红

2017 年 5 月 30 日

参考文献

一、中文著作类

1. [英]詹姆士·鲁波特,贾斯汀·罗. 平凡创传奇—社会企业妙点子[M]. 钟慧元,译. 香港:商务印书馆(香港)有限公司,2008.
2. 马克思恩格斯选集[M]. 北京:人民出版社,1995.
3. [英]哈耶克. 自由秩序原理[M]. 邓正来,译. 北京:三联书店,1997.
4. 彼得·德鲁克. 非营利组织管理[M]. 北京:机械工业出版社,2007.
5. 王克稳. 经济行政法基本论[M]. 北京:北京大学出版社,2004.
6. [美]弗朗西斯·福山. 历史的终结及最后之人[M]. 黄胜强等,译. 北京:中国社会科学出版社,2008.
7. 薛波. 元照英美法词典[M]. 潘汉典总审订,北京:法律出版社,2003.
8. 阿奎那. 阿奎那政治著作选[M]. 马清槐,译. 北京:商务印书馆,1963.
9. [德]康德. 单纯理性限度内的宗教[M]. 北京:中国人民大学出版社,2003.
10. [美]汉密尔顿等. 联邦党人文集[M]. 北京:商务印书馆,1980.
11. [德]叔本华. 叔本华论说文集[M]. 北京:商务印书馆,1999.
12. 马克思、恩格斯. 马克思恩格斯选集第3卷[M]. 北京:人民出版社,1995.
13. 辞海缩印本[M]. 上海:上海辞书出版社,1980.
14. 税兵. 非营利法人解释[M]. 北京:法律出版社,2010.
15. [比]马尔特·尼森主编. 社会企业的岔路选择:市场、公共政策与市民社会[M]. 伍巧芳,译. 北京:法律出版社,2014.
16. 苗青. 社会企业:链接商业与公益[M]. 北京:浙江大学出版社,2014.
17. 沙勇. 中国社会企业研究[M]. 北京:中央编译出版社,2013.
18. [美]查尔斯里德比特. 社会企业家的崛起[M]. 北京:环球出版社,2006.

19. 王名．非营利组织管理概论［M］．北京：中国人大学出版社，2010.
20. 王建芹．第三种力量：中国后市场经济论［M］．北京：中国政法大学出版社，2003.
21. 何增科．公民社会和第三部门［M］．北京：中央编译出版社，2000.
22. 苏力等．规则与发展——第三部门的法律环境［M］．浙江：浙江人民出版社，2003.
23. 张康之．社会治理的历史叙事［M］．北京：北京大学出版社，2006.
24. 杜吟棠．合作社：农业中的现代企业制度［M］．江西：江西人民出版社，2002.
25. 傅晨．中国农村合作经济：组织形式与制度变迁［M］．北京：中国经济出版社，2006.
26. 席恒．公与私：公用事业运行机制研究［M］．北京：商务印书馆，2003.
27. 严中华．社会创业［M］．北京：清华大学出版社，2008.
28. 塞缪尔·亨廷顿．变化社会中的政治秩序［M］．王冠华等，译．北京：北京生活读书新知三联书店，1989.
29. 萨拉蒙．公共服务中的伙伴［M］．田凯，译．北京：商务印书馆，2008.
30. 格雷戈里迪斯、杰德埃默森．企业型非营利组织［M］．颜德治、徐启智，译．北京：北京大学出版社，2008.
31. 陆道生、王慧敏、毕吕贵．非营利组织企业化运作的理论与实践［M］．上海：上海人民出版社，2004.
32. 舒博．社会企业的崛起及其在中国的发展［M］．天津：天津人民出版社，2010.
33. ［美］莱斯特萨拉袋等．全球公民社会——非管利部门视免［M］．贾西滞等，译．北京：社会科学文献出版社，2002.
34. ［英］查尔斯·里德比特．社会企业家的崛起［M］．环球协力社编，译．北京：英国大使馆文化教育处，2006.
35. ［美］戴维·伯恩斯坦．如何改变世界［M］．吴士宏，译．北京：新星出版社，2006.
36. 楼建波，甘培忠．企业社会责任专论［M］．北京：北京大学出版社，2009.
37. 王名等．中国非营利评论第三卷［M］．北京：社会科学文献出版社，2008.
38. ［英］安东尼·吉登斯．第三条道路——社会民主主义的复兴［M］．郑戈，译．北京：北京大学出版社，2000.
39. 俞可平．治理与善治［M］．北京：社会科学文献出版社，2000.

40. 穆罕默德·尤努斯. 新的企业模式:创造没有贫困的世界[M]. 鲍小佳,译. 北京:中信出版社,2008.

41. 杨海坤、章志远. 中国特色政府法治论研究[M]. 北京:法律出版社,2008.

42. 崔乃夫. 当代中国民政[M]. 北京:当代中国出版社,1994.

43. 清华大学非政府管理(NGO)研究所. 中国非营利评论[M]. 北京:社会科学文献出版社,2013.

44. 斯蒂格利茨. 政府为什么干预经济[M]. 中译本. 北京:中国物资出版社,1998.

二、中文期刊类

1. 安建增:对社会自治施以控制的正当性及其边界——基于国家与社会关系的分析[J],河南师范大学学报:哲学社会科学版,2012(2).

2. 陈婉玲:合作社思想的源流与嬗变——基于合作社法思想基础的历史考察[J],华东政法大学学报,2008(4).

3. 陈婉玲:主体认知与合作社法律文化的构建——从民国时期《合作社法》的绩效看《农民专业合作社法》之施行[J],江西社会科学,2010(7).

4. 崔雁:社会企业概念探析———欧美地区比较视角[J],山西高等学校社会科学学报,2013(2).

5. 崔燕:试析社会企业兴起的解释理论[J],太原大学学报,2013(3).

6. 崔志如:社会企业:一个被超前预热的乌托邦[J],博鳌观察,2014(10).

7. 邓国胜:中国民办非企业单位的特质与价值分析[J],中国软科学,2006(9).

8. 邓国胜:民办非企业单位与中国社会事业的发展[J],学会,2005(12).

9. 董蕾红,李宝军:社会企业的法律界定与监管[J],华东理工大学学报,2015(3).

10. 董蕾红,吴小帅:慈善组织利益输送交易的法律规制——国际经验与借鉴[J],山东社会科学,2015(3).

11. 党生翠:慈善组织信息公开的新特征:政策研究的视角[J],中国行政管理,2015(2).

12. 杜吟棠:《农民专业合作社法》的立法背景、基本特色及其实施问题,青岛农业大学学报(社会科学版),2008(2).

13. 甘峰:社会企业与社会协同治理[J],世界社会主义研究,2014(3).

14. 高传胜:社会企业的包容性治理功用及其发挥条件探讨[J],中国行政管理,2015(3).

15. 高海虹:发展社会企业:改善公共服务能力的有效途径[J],理论探讨,2011(6).

16. 郭道晖:知情权与信息公开制度[J],江海学刊,2003(1).

17. 郭富青:西方国家合作社公司化趋向与我国农民专业合作社法的回应[J],农业经济问题(月刊),2006(6).

18. 何生根:知情权属性之学理研究[J],法律科学(西北政法学院学报),2005(5).

19. 胡亦武,石君煜:社会企业概念及发展探析[J],贵州社会科学,2015(9).

20. 黄莉培,方卫华:社会企业与商业企业的区别与概念研究[J],行政管理改革,2015(6).

21. 江海波:英国社会企业不衰的秘密[J],华夏时报,2012年12月6日020版人道慈善周刊.

22. 金仁仙:韩国社会企业发展现状、评价及其经验借鉴[J],北京社会科学,2015(5).

23. 金仁仙:社会经济制度化发展——以韩国《社会企业育成法》为视角[J],科学学与科学技术管理,2016(1).

24. 解韬,吴天青:香港发展社会企业的经验及对广东的启示[J],残疾人研究,2013(2).

25. 李昌麒:弱势群体保护法律问题研究——基于经济法与社会法的考察视角[J],中国法学,2004(2).

26. 梁誉,冯敏良:超越"奥菲悖论":社会投资理念的兴起与转变——兼论我国社会政策发展的着力点[J],河海大学学报,2015(6).

27. 李树海,丁渠:《论对社会组织的社会监督》,《河北法学》2013年第8期.

28. 刘凤军:试论企业、政府与行业组织的协同发展[J],经济研究参考,2006(16).

29. 刘艺:知情权的权利属性探讨[J],现代法学,2004(2).

30. 刘水林,王波:社会企业法的性质:社会法私法化的新路径—以英国社区利益公司条例为样本的分析[J],上海财经大学学报,2012(1).

31. 刘小霞:我国社会企业的历史演进及制度性角色[J],中央民族大学学报(哲学社会科学版),2013(6).

32. 米新丽:美国农业合作社法初探[J],江西社会科学,2004(3).

33. 马超英:存在问题和对策探析——我国社会福利企业生存与发展趋势[J],《中国民政》决策版.

34. 彭秀丽:社会理论演进及其对我国公共服务均等化的启示[J],吉首大学学报(社会科学版),2009(2).

35. 亓学太:当代西方社会企业家理论的演进与创新[J],长春市委党校学报,2007(3).

36. 任进:民办非企业单位的若干法律问题[J],天津行政学院学报,2003(2).

37. 舒博:社会企业的崛起及在中国的发展[J],南开大学博士论文,107页.

38. 沙勇:社会企业:理论审视、发展困境与创新路径[J],经济学动态,2014(5).

39. 时立荣,徐美美,贾效伟:新中国成立以来我国社会企业的产生和发展模式[J],东岳论丛,2011(9).

40. 时立荣,刘菁:残疾人公民权利的保障性研究——关于中国社会福利企业税收优惠政策的思考[J],北京科技大学学报(社会科学版),2013(5).

41. 税兵:基金会治理的法律道路——〈基金会管理条例〉为何遭遇"零适用"?[J],法律科学(西北政法大学学报),2010(6).

42. 税兵:民办非企业单位制度质疑[J],河北法学,2008(10).

43. 王世强:社会企业在全球兴起的理论解释及比较分析[J],南京航空航天大学学报(社会科学版)2012(9).

44. 王彦明,王业辉:政府补贴的法理与规制进路[J],河南社会科学,2015(12).

45. 王墨璞:我国社会福利企业管理存在问题和对策探析[J],劳动保障世界,2012(4).

46. 王臻荣:治理结构的演变:政府、市场与民间组织的主体间关系分析[J],中国行政管理,2014(11).

47. 魏来,涂一荣:论社会企业的特征与本土价值[J],太原理工大学学报(社会科学版),2014(10).

48. 谢家平,刘鲁浩,梁玲:社会企业:发展异质性、现状定位及商业模式创新[J],经济管理,2016(4).

49. 徐晓新,张秀兰,余晓敏:公益类事业单位改革:来自社会企业的启示,北京师范大学学报(社会科学版),2013(5).

50. 徐君:社会企业组织形式的多元化安排:美国的实践及启示,中国行政管理,2012(10).

51. 俞可平:让国家回归社会——马克思主义关于国家与社会的观点[J],理论视野,2013(9).

52. 于晓静:国外社会企业的发展及其启示[J],社团管理研究.

53. 于晓静:放大社会企业的价值与效应[J],前线,2011(11).

54. 余晓敏,张强,赖佐夫:国际比较视野下的中国社会企业[J],经济社会体制比较,2011(1).

55. 严中华,姜雪,林海:社会创业组织商业模式要素组合分析[J],科技管理研究,2011(21).

56. 张广利,张婷婷:从福利国家到社会投资国家:吉登斯关于福利体制的再造[J],改革与战略,2012(4).

57. 张晓萌:国外社会企业发展动态[J],中国党政干部论坛,2016(5).

58. 郑夏蕾:中美社会企业法律规制比较研究及对中国的启示[J],科学·经济·社会,2015(3).

59. 郑南,庄家怡:社会组织发展的新形态——台湾社会企业的发展与启示[J],学术研究,2015(9).

60. 赵明,褚蓥:美国慈善基金会利益输送禁止规则探析——兼与中国相关规定之比较[J],北京航空航天大学学报(社会科学版),2012(1).

61. 赵立波:民办非企业单位:现状、问题及发展[J],中国行政管理,2008(9).

62. 张军果,张燕红,甄杰:社会企业:内涵、欧美发展经验及其启示[J],企业经济,2015(4).

63. 周俊,郁建兴:行业组织参与社会管理:基于温州商会的研究[J],中共宁波市委党校学报,2009(3).

三、外文类

1. Karl Polanyi. the Great Transformation:The Political and Economic Origins of Our time,Boston:Beacon Press,1957【1944】.

2. Matthew F. Doeringer:"Fostering Social Enterprise:a Historical and International Analysis",Duke Journal of Comparative & International Law,Vol. 20,2010,pp. 291 – 329.

3. James C. E,How Nonprofit Grow:A Model,Journal of Policy Analysis and Management,1983(2):35 – 66.

4. Muhammad Yunus:Social Enterprise:"Doing Well by Doing Good. Business". Entrepreneurship and the Law,Vol. 1,2007,pp. 99 – 109.

5. Kyle Westaway:"Beyond Black and White:the New Paradigm of Social Enterprise". New York University Journal of Law & Business,Vol. 9,2013,pp.

439 – 445.

6. Rosario Laratta: "the Emergence of the Social Enterprise Sector in Japan". International Journal of Civil Society Law. Vol. IX, No. 6, 2011, pp. 35 – 54.

7. Jacques Defourny and Marther Nyssens. Social enterprise in Europe: recent trends and developments. Social Enterprise Journal. 2008. 4(3):217 – 218.

8. Defourny J. and Nyssens M., 2008, 'Social enterprise in Europe: recent trends and developments', Working Papers 2008/01, Emes European Research Network, Liège.

9. Jacques Defourny and Marther Nyssens, eds. Social enterprise in Europe: recent trends and developments. European Research Network, number 08/01. Apr 2008. New York, NY.

10. William H. Clark, Jr; Elizabeth K. Babson. How benefit corporations are redefining the purpose of business corporations. William Mitchell Law Review. 2012, 38(2):838 – 842.

11. Park C., Wilding M. Social enterprise policy design: Constructing social enterprise in the UK and Korea. International Journal of Social Welfare, 2013. 22(3):236 – 247.

12. Rosario Laratta, Tthe emergence of the social enterprise sector in Japan, 9 Int'l J. Civ. Soc'y L. 35 2011, pp. 35 – 54.

13. Harvey J. Goldschmid. The Fiduciary Duties of Nonprofit Directors and Officers: Paradoxes, Problems, and Proposed Reforms. 23 J. Corp. L. 631 997 – 1998.

14. Mark B. Weinberg. Service on Charity Board. 13 Prob. & Prob. 28. 1999.

15. Debramorris. New Charity Regulation Proposals for England and Wales: Overdue or Overdone? 80 Chi. – Kent L. Rev. 779 2005.

16. Yolanda Demianczuk. Charity Regulation in the Russian Federation. 35 Colum. J. Transnat'l L. 477 – 501 1997.

17. The Office of the Regulator of Community Interest Companies House. Information Pack Community Interest Companies. London: Companies House, 2010:4 – 46.

18. The Changing Boundaries of Social Enterprises, Published by the OECD Local Economic and Employment Development(LEED) Programme, 2009, pp. 36.

19. Coates, A. & Van Opstal, W. The Joys and Burdens of Multiple Legal Frameworks for Social Entrepreneurship – Lessons from the Belgian Case. Working Paper on Social and Co – operative Entrepreneurship. 2009. pp. 68.

20. Cabinet Office Strategy Unit. Private action, public benefit: a review of charities and the wider not – for – profit sector. London: Strategy Unit, 2002:49 – 57.

21. The Office of the Regulator of Community Interest Companies House. Information Pack Community Interest Companies. London: Companies House, 2010:4 – 46.

22. Legal framework for social economy and social enterprises: A comparative report, UNDP Regional Bureau for Europe and the Commonwealth of Independent States, 2012, pp. 23.

23. Melissa. ' Community Contribution Companies ' or ' Canadian ' Benefit Corporation coming to BC. 2013. 4. 1.

24. The Changing Boundaries of Social Enterprises, Published by the OECD Local Economic and Employment Development(LEED) Programme, 2009, pp. 38.

25. http://www.socialenterprisemark.org.uk.

26. http://www.thirdsector.co.uk/Social_Enterprise/article/1112411/social – enterprise – mark – made – available – internationally/.

27. http://www.civilsociety.co.uk/finance/news/content/11552/government_uses_ social_enterprise_mark_criteria_in_contract.

28. http://www.thirdsector.co.uk/news/1124554/senscot – launches – voluntary – code – conduct – scottish – social – enterprises/.